# 错失恐惧

## FOMO-Fear of Missing Out

### Practical Decision Making in a World of Overwhelming Choice

[美] 帕特里克 · J. 麦金尼斯（Patrick J. McGinnis） 著
王敏 译

天地出版社 | TIANDI PRESS

图书在版编目（CIP）数据

错失恐惧 / (美) 帕特里克 · J.麦金尼斯著; 王敏译.
—成都：天地出版社，2021.6
ISBN 978-7-5455-6161-6

Ⅰ. ①错… Ⅱ. ①帕… ②王… Ⅲ. ①社会心理学—
通俗读物 Ⅳ. ①C912.6-0

中国版本图书馆CIP数据核字（2021）第047132号



著作权登记号 图字：21-2021-104

CUOSHI KONGJU
错失恐惧

出品人 杨 政
作 者 [美] 帕特里克 · J.麦金尼斯
译 者 王 敏
责任编辑 王 絮 霍春霞
封面设计 古涧千溪
内文排版 冉冉工作室
责任印制 王学锋

出版发行 天地出版社
（成都市槐树街2号 邮政编码：610014）
（北京市方庄芳群园3区3号 邮政编码：100078）
网 址 http://www.tiandiph.com
电子邮箱 tianditg@163.com
经 销 新华文轩出版传媒股份有限公司

印 刷 北京文昌阁彩色印刷有限责任公司
版 次 2021年6月第1版
印 次 2021年6月第1次印刷
开 本 880mm×1230mm 1/32
印 张 8.25
字 数 197千字
定 价 56.00元
书 号 ISBN 978-7-5455-6161-6



咨询电话：(028) 87734639（总编室）
购书热线：(010) 67693207（营销中心）

向帕特里克 · J. 麦金尼斯和错失恐惧症致敬

献给所有的错失恐惧症患者，

尤其是那些来自 02163 的朋友。

## 对帕特里克 · J. 麦金尼斯和本书的赞誉

及时、实用、见解深刻……在《错失恐惧》这本书中，麦金尼斯阐述了通往幸福的重大障碍之一，分析了我们为何会有错失恐惧感，以及从长远来看，错失恐惧症将如何劫持我们的生活和职业生涯。随后，他将告诉我们如何按照自己的意愿生活，而不是被生活牵着鼻子走。

—— 肖恩 · 埃科尔（Shawn Achor），幸福问题研究员，著有《纽约时报》畅销书《大潜能》（*Big Potential*）和《快乐竞争力》（*The Happiness Advantage*）

无论是生活中琐碎的细节，还是人生中的大方向，做任何决定都有可能让人感到心力交瘁。在这本及时且必要的书中，帕特里克 · J. 麦金尼斯将让你明白，为何你不必那么操心。

—— 凯莉 · 肯尼迪（Kerry Kennedy），罗伯特 · F. 肯尼迪人权组织主席，《纽约时报》畅销书作者我们生活在一个前所未有的拥有丰富选择的时代。因此，我们每天都面临着成千上万个决定，比以往任何时候都更加复杂。麦金尼斯用错失恐惧症和更好选择恐惧症作为框架，为我们提供了一些实用的建议，助我们做出更明智、更佳的选择。

——尼尔·埃亚尔（Nir Eyal），畅销书《上瘾》（*Hooked*）和《不可抗拒》（*Indistractable*）作者

帕特里克·J. 麦金尼斯为我们这个充满忧虑的时代写了一本好书。这本俏皮幽默、不失谨慎、令人百读不厌的《错失恐惧》，不仅让我们了解了错失恐惧症的含义和影响，而且还告诉我们如何摆脱其束缚，转而追求有意义的生活。

——德伯拉·L. 斯帕（Debora L. Spar），哈佛商学院工商管理学教授

在《错失恐惧》一书中，帕特里克·J. 麦金尼斯深入探究了错失恐惧症背后的深层原因，分析了我们为什么会患上错失恐惧症，并帮助我们发现自己真正想要的是什么，只有这样，我们才能对那些真正想要的说"是"。因为，你如果知道自己想要什么，就不会错过，不是吗？

——威尔·科尔博士（Dr. Will Cole），领先的功能医学专家，美国功能医学研究院认证医生、整脊医生，著有《炎症光谱》（*The Inflammation Spectrum*）和《生酮食谱》（*Ketotarian*），播客《古普范勒》（*Goopfellas*）的主持人之一

帕特里克是一个真正的创新者：他能帮你认识更好选择恐惧症是如何扰乱你的人际关系、职场工作和日常生活的，引导你克服更好选择恐惧症。也许错失恐惧症引起了全民的关注，但更好选择恐惧症才是真正的敌人，它会让你不知道该穿哪件衬衫，该和什么人交朋友，或者让你的初创公司开不下去。

——杰克 · 克雷默（Jack Kramer）和尼克 · 马特尔（Nick Martell），罗宾汉（Robinhood）公司的播客《每日讯息》（*Snacks Daily*）主持人

对那些想要过好每一天而不是把宝贵的时间浪费在优柔寡断上的人来说，《错失恐惧》是一本不可或缺的指南书。帕特里克既慷慨又真诚，这本书是世界上罕见的礼物。

——凯茜 · 海勒（Cathy Heller），播客《别做正职了》（*Don't Keep Your Day Job*）的创建者和主持人

无论你是在管理一家《财富》500强公司或创业公司，还是在管理你的日常生活，你如果想成功，就应该坚定果断。本书提供了易学易用的策略，帮助你改正优柔寡断的缺点，进而专注于真正重要的事。

——多里 · 克拉克（Dorie Clark），杜克大学福库商学院高管教育教授，著有《作为企业家的你》（*Entrepreneurial You*）和《深潜：10步重塑你的个人品牌》（*Reinventing You*）

在创造出“错失恐惧症”这个词后，麦金尼斯又创造了“更好选

择恐惧症”，来描述一系列破坏性更强的行为。现在，他又强势回归了。本书条理清晰、循序渐进，帮助人们不再向后看，而是拥抱他们面前真正的、令人兴奋的各种可能性。

——杰米·梅茨尔（Jamie Metzl），著名未来学家，著有畅销书《黑客达尔文》（*Hacking Darwin*）

我翻来覆去地读了很久，才明白帕特里克热切分享给我们的内容：我们必须找到选择自己真正想要的事物的力量，并找到错过其他事物的勇气。具体该怎么做？帕特里克提供了详细的指导（你不需要体验濒死的感觉）。这本书给所有生活在2020年的人带来了一条重要信息：你不必带着遗憾生活。让我们来读一读这本书吧。

——大卫·法根鲍姆博士（Dr. David Fajgenbaum），《与治疗赛跑》（*Chasing My Cure*）作者，宾夕法尼亚大学医学助理教授

# 引言 | INTRODUCTION

人类从远古时代到今时今日的进化历程，并不是一个没有争议的话题。新的发现颠覆了已有的理论，将人类演化的已知时间轴往前或往后推移，动辄就是数十万年。人类学是一门不精确的科学，它结合了古生物学和遗传学。不过，专家们普遍认为，约 200 万年前，我们的第一代祖先——能人（因其使用石器工具而得名）曾在非洲生活。最终，能人被直立人取代，直立人被智人取代（另有说法，能人与直立人曾长期并存），从那以后，智人一直统治着地球。

我想在此宣布人类进化史上的一个重大新发现。我虽然不是考古学家，但可以向你保证，不需要去埃塞俄比亚乡野挖掘化石，就能取得我将与你分享的突破性发现。在纽约的大街小巷，在伦敦的地铁上，在北京的办公楼里，在圣保罗的咖啡店中，都有一种新新人类出现的充分证据。就像智人取代了直立人一样，现代人正在让位给一个新物种：患有错失恐惧症的人类。

也许你会犯嘀咕：你怎么这么肯定下一阶段人类将何去何从、如何演变呢？我能给出的最简短的回答是，因为我们彼此都差不多。

我叫帕特里克 · J. 麦金尼斯（Patrick J. McGinnis），我是世间第一个已知的错失恐惧症患者。我最初意识到这一点是在 21 世纪初，那时我还是一名研究生。我是第一个这样的新新人类，但不会是最后一个。我当然不是最后一个。现在，全世界有数亿个错失恐惧症患者——如果没有数十亿的话。正如你可以通过石器工具来辨别能人一样，错失恐惧症患者也会表现出一些暴露实情的特征。我们可以观察到，在其"自然栖息地"，错失恐惧症患者渴望在此时此刻实现愿望后就能拥有让人生尽善尽美的一切事物，无论这些事物是真实的，还是只存在于他们的想象中。错失恐惧症患者极易分心，如果有天敌存在，他们就会沦为极易捕获的猎物。

如果你还没听说过"错失恐惧症"，那么我来给你补一补课。当你看到朋友、家人和名人在你的社交媒体上发布的那些赏心悦目的照片（指的是那些经过仔细筛选、加了滤镜和精心裁剪的照片）时，你是否感到紧张不安？当你滑动屏幕的时候，你可能会注意到，在你的心中涌起一种莫名的感觉，你可以将它理解为焦虑感。当你玩手机的时候，你会发现，这些人的生活比你的生活更有趣、更刺激、更成功，比你的生活更适合在社交媒体上分享。这种表现就被称为"错失恐惧症"（FOMO，Fear of Missing Out 的缩写），现在它已经流传甚广了。

错失恐惧症不仅仅出现在你在社交媒体上看到东西的时候，它要深刻得多，远远超出了塑造数字原住民（如"千禧一代"和"Z 世代”）日常生活观念与生活方式的程度。自然，“千禧一代”和“Z世代”这两个群体很容易患上错失恐惧症，他们的父母显然也是错失恐惧症患者的候选人。错失恐惧症折磨着一位中年高管，他终日被困在办公室中，而比他年轻的同事却收到了去拉斯维加斯参加会议的邀请；错失恐惧症也困扰着一位60多岁的女性，她的朋友们没完没了地说他们孙子孙女的事情，使她想抱孙子都快想疯了。社交媒体会让错失恐惧症变本加厉，但是，就算你并没有一直盯着手机，你恐怕也会掉进这个陷阱。只要你毫无节制地花费大量的时间和精力去关注那些你希望拥有的事物，而不是去感恩和欣赏那些你一直认为是理所当然的事物，你就会掉进这个陷阱。现在许多人的生活中充满了亦真亦幻的无数选择。这样的诱惑越来越多，简直无处不在。

在我继续写下去之前，我先澄清一点：我知道自己是第一个错失恐惧症患者的一个原因是，我是最先提出“错失恐惧症”这个词的人。2004年，我在哈佛商学院的校刊《哈布斯》（*Harbus*）上发表了一篇题为《哈佛商学院的社会理论——麦金尼斯的两种恐惧症》（*Social Theory at HBS：McGinnis' Two FOs*）的文章，提出了这个词的首字母缩略词。如今，15年过去了（本书原版写于2019年），这个由4个字母组成的缩略词已经流传甚广。现在，它出现在各种流行文化中，甚至还被收录在许多权威词典中，包括《牛津英语词典》和《未删减版韦氏词典》。对我来说，这种名望带来的最明显的效应就是，很多人想和我合影。当然，他们把自拍照发到社交媒体上，是为了给他们所有的朋友带来错失恐惧症……你如果多想一想，就会明白这一点。

撇开自拍不谈，我为自己提出“错失恐惧症”这个概念感到内疚。尽管它很受欢迎，并带有极强的话题标签属性，但它并不是什么无关紧要的乐子。它会带来压力、不安全感，让你产生忌妒心，甚至感到抑郁，还会危及你的工作，诱使你进行投机性投资，并迫使商业领袖（从首席执行官到初创公司的创始人）实行错误的战略，浪费宝贵的资源。简单地说，它造成了巨大的干扰，浪费了人们宝贵的时间和精力。

而且这还不是最糟糕的。我很遗憾地告诉你，错失恐惧症并不是你唯一需要担心的恐惧症。你如果看得够仔细，就会注意到，我写的那篇文章的副标题是“麦金尼斯的两种恐惧症”。那么，另一种恐惧症是什么呢？虽然错失恐惧症已经广为流传，但另一种恐惧症“更好选择恐惧症”（FOBO，Fear of a Better Option）仍然默默无闻——至少到现在仍然如此。

“更好选择恐惧症”，指的是人们害怕将有更好的选择出现所产生的焦虑感，进而导致人们在决策时不愿意在已有选项中做出选择。这是一种由选项充足带来的苦恼，它驱使你保留所有的选项，多头下注。于是，你生活在了一个不确定的世界里，只能步别人的后尘。你没有评估所有的可选方案并选择其中一个，然后继续一天的生活。相反，你在拖延不可避免的决定，类似于按下闹钟上的延时按钮，然后把被子拉到头上，结果又睡着了。就像你可能已经不幸发现的那样，你如果一再按下延时按钮，就会迟到，最终百米冲刺般地奔向办公室。结果，你这一天的节奏被打乱了，你的心情也变糟糕了。按下延时按钮虽然让你当时舒服了一会儿，但最终会让你付出惨重的代价。

更好选择恐惧症是一个严重的问题，它比错失恐惧症造成的危害要大得多。错失恐惧症主要是一种内心的挣扎，而更好选择恐惧症所造成的危害不仅会影响到你个人，还会影响到周围的人。你把自己的生活当作 Tinder（国外一款手机交友软件）上的信息，随手翻阅却从不做出任何选择，你就等于把身边的一切——包括各种机会及身边的人——都变得商品化了。你也向所有人传递了一个清晰而明确的信息：你是一个坚决不肯让步的人。你不会制订出明确的行动计划。相反，你会让各种可能性堆积起来。你即使会做出决定，也只会在能给自己带来方便的时候才做决定，很可能是在最后一刻。这些个人缺陷会严重破坏人的职业发展，还会转变为更普遍的管理挑战。这些挑战会使人丧失分析能力，创新意识被扼杀，领导者的权威被剥夺，从而危及大大小小的公司。

我同时发现了错失恐惧症和更好选择恐惧症，这绝非巧合。你如果是那种害怕错过什么的人，就可能会被迫保留你的所有选择。这两个概念的共同之处是，你有很多亦真亦幻的选择和机会，它们都是你所处的这个现代科技时代的副产品。不过，虽然现在大多数人都已经意识到在日常生活和职业生涯中发现错失恐惧症的端倪的重要性，但更好选择恐惧症却一直横行无阻。它就藏在我们的眼皮底下。

是时候承认这一点了：当你受到错失恐惧症或更好选择恐惧症的负面影响时，或者同时受到这两者的影响时，你就有可能毁掉事业、毁掉生意。它们还会危害你的人际关系，并在这个过程中让你痛苦不堪。除了这些可怕的长期后果，它们还会悄悄渗透到你日常生活的各种琐事中，严重影响你的工作效率。它们会分散你的注意力，让你失去明确的目标，脱离现实，陷入一个充满猜忌、算计和交易的混乱世界中。它们还会削弱你的信念，消耗你的能量，影响你的表现。它们单独存在都会引发一系列问题，如果叠加在一起，就会引发灾难性的问题。当你同时遭遇错失恐惧症和更好选择恐惧症时，你将患上“害怕做任何事恐惧症”（FODA，Fear of Doing Anything）。

你听说过“受伤的治愈者”（The Wounded Healer）这个概念吗？这是心理学家卡尔·荣格提出的一种人格原型。他用这个概念解释了为什么有的人会成为心理治疗师。荣格认为，许多心理治疗师之所以会选择这个职业，是因为他们身为心理疾病患者的经历赋予了他们一个特殊的使命，这个使命就是帮助其他人应对同样的问题。他们自己正在康复中，正走在康复的道路上，可能只比病人领先几步而已。他们领先迈出的那几步，让他们特别适合帮助别人。我可以理解这一点。我喜欢把自己想象成世界上第一个“错失恐惧逻辑家”。我研究过它的成因、性质和含义。更重要的是，在被错失恐惧症、更好选择恐惧症纠缠了 15 年后，我终于知道如何管理它们了，尽管我仍在和它们做斗争。

举个例子，这一页上的文字，是我在墨西哥城休假时写的。为什么我要选择在离家 2000 多英里（1 英里 =1.609 344 千米）的地方工作呢？虽然我想告诉你们，我这样做是为了能够随时享用墨西哥玉米卷和龙舌兰酒，但真正的原因是应对错失恐惧症。我心里有数，当我面对一项耗费精力的任务时，如果我待在纽约的家中，我沦为让人分心的错失恐惧症的牺牲品的风险就会提高。在做出这个决定后，我确定了出行日期，在服务网站爱彼迎（Airbnb）上锁定了最佳民俗，找到了适合写作的最酷的咖啡馆。与此同时，我设法克服了更好选择恐惧症带来的折磨。在我做出这些决定的时候，我完全能意识到，错失恐惧症和更好选择恐惧症是如何驱动我的行为的。然后，我用本书中的策略克服了它们。

我摆脱错失恐惧症和更好选择恐惧症，获得相对自由的道路并不平坦。长大后，我一直在纽约生活。纽约是成百上千个错失恐惧症患者的家园。在这些人看来，排几小时的队去体验新开的餐厅，去看人气最旺的展览，去参加时尚品牌苏博瑞（Supreme）的新品发布会，这些都不算什么。我曾在风险投资行业工作过，该行业通常是由错失恐惧症和更好选择恐惧症推动的。我曾走遍全球——从硅谷到巴基斯坦，从伊斯坦布尔到布宜诺斯艾利斯——寻找最热门的初创企业。我即使找到了，也经常在需要下大赌注时茫然不知所措。一次又一次的犹豫不决，浪费了我的时间、金钱和精力，不仅让我的钱包瘪了下去，也让我的健康受到了损害。最后，当我意识到我患上的这两种恐惧症让我损失了不少金钱、失去了内心的平静时，我才痛下决心：是时候想方设法来处理这些问题了。事实上，风险投资人的职业生涯给了我不少启迪，你在本书中学到的很多决策策略，都可以归功于我的这段经历。

如果你看到了这里，我想你一定在寻找克服错失恐惧症或更好选择恐惧症的方法。无论你的职业是什么，你处于人生哪个阶段，应对这些挑战的方法都是一样的：你必须果断一点。你如果够果断，在做决定时就不会诚惶诚恐，考虑问题时就不会掺杂个人感情，并且能将思想付诸行动。当你这样做的时候，你会意识到，错过了某个机会，你未必限制了自己的选择。相反，你给了自己自由。你没有在犹豫不决中错过精彩的人生，而是从生活中赢得了你真正想要得到的一切。你能让事情发生，推动事情的进展，而不是听天由命，被生活牵着鼻子走。你用坚定的信念代替了恐惧。

如果这一切听起来很棒，那么是时候开始努力了。虽然这两种恐惧症都有现成的解决方案，但坚定果断地生活和工作，并不是一朝一夕就能做到的。优柔寡断是慢慢潜入你的潜意识中的。同理，你也需要一些时间来抛弃旧思想，改变旧习惯。为此，你需遵循以下两个核心原则：

1. 学会选择你真正想要的东西。与其搜罗一个个选择，浪费时间和精力权衡所有可能的选择，不如做出决定：关闭其他所有的通道，继续前进，而不要遗憾地一再回头。当你这样做的时候，你会发现做出决定是通往自由的直接途径，即使是在一个选择多到让你应接不暇的世界中。

2. 找到让自己不再害怕错过的勇气。如果你不再想着去做所有的事，那么即便你未曾拥有一切，实际上也等于拥有了一切。当你把其他事情都放在一边的时候，你会有一种解脱感，而不是渴望得到你所失去的东西。你会为失去那些东西感到庆幸，并将注意力转移到真正重要的事情上。

本书分为四部分。前两部分介绍了是什么在驱动着错失恐惧症和更好选择恐惧症的发生，它们是如何影响你的职业、生意与生活的。第三部分为你提供所需的工具，帮助你战胜两种恐惧症。第四部分将助你改变对错失恐惧症和更好选择恐惧症的看法，改造它们，让它们为你所用。除了这本书，你还可以在 www.patrickmcginnis.com 和我的播客节目《错失恐惧症患者》（*FOMO Sapiens*）上找到更多的工具和资源。

当你学习了克服错失恐惧症和更好选择恐惧症的方法后，你会发现，你将使用的方法与过去的决策策略不太一样。那是因为，当你和这两种恐惧症打交道时，你不会陷入进退两难的境地。你面对的是丰富的选择。确切地说，这不是什么坏事，虽然现在似乎不是这样。你如果能摆脱优柔寡断，就能享受这种富足，并从中受益——因为你确实有大量可接受的选择，这是铁铮铮的事实。要做到这一点，你必须先接受另一点：你不可能拥有一切。要克服错失恐惧症，你需要判断：在你想要探索的那些机会或选择中，是否有值得尝试的。当你患上更好选择恐惧症的时候，你已经有了不少可行的选择，你面临的挑战是选择其中一个，然后继续往前走。

即便你要开始学习如何管理它们，有一个问题也仍值得考虑：错失恐惧症或更好选择恐惧症是否有值得保留的可取之处？答案是肯定的，这或许令人惊讶。错失恐惧症会给你带来不少灵感，让你能涉足新的领域、冒一冒险或给生活带来某种改变。比如，你在某家公司上班，每周工作 80 小时。当你发现你的前同事——现在是一个企业家——在众筹网上为她的新项目筹集了数百万美元时，你会感到错失恐惧症的阵痛向你袭来。你能从这样的感觉中学到什么？也许你能学到很多。从这个意义上说，我认为错失恐惧症和饮酒有些类似。适量饮酒有益身体健康，还可以帮助你放松压抑的心情（酒后吐真言），让你可以漫步到舒适区边缘。你只要没有过量饮酒，第二天早上就会觉得神清气爽，为你的下一次冒险做好准备。第十三章将告诉你如何驾驭错失恐惧症，不断开阔你的视野，寻求新的体验。

更好选择恐惧症则像吸烟一样。它没有任何可取之处，也不会给你带来任何好处。首先，它很容易上瘾。其次，虽然某一刻它让你感觉好极了，但从长期来看，它势必会影响你的幸福安康。最糟糕的是，更好选择恐惧症的继发效应与二手烟的影响完全一样。当你专注于自己那些自私自利的需求时，你的恶习会伤害到你身边的人。你必须制订计划，从源头上切断它，并坚定地付诸行动。你将在后面学到更多相关内容。

好了，是时候了。你的旅程即将开始。具有讽刺意味的是，你必须先做出一个决定：你是否打算翻过这一页——无论从字面上看，还是从隐喻的角度看，开启你的阅读之旅呢？翻过这一页，意味着你将扼制住你的错失恐惧症，继续这一旅程（再见了，有趣的猫咪视频），也意味着你将忽略更好选择恐惧症（你没有在亚马逊上寻找更好的书）。你将心无旁骛地阅读接下来的200多页。你将这样一页一页读下去，直到读完最后一页。“果断”就是这个意思。

# 目录 | CONTENTS

## 第三部分

## 果敢决断：选择你真正想要的



## 第四部分

## 让错失恐惧症和更好选择恐惧症为你所用

# | 第一部分 |

# 在纷繁芜杂的世界里恐惧犹疑

那种没有别的习惯，只惯于优柔寡断的人，是最悲惨的。

——威廉·詹姆斯（William James）

# 第一章

# 错失恐惧症简史

错失恐惧症是惜时者的敌人。

——安德鲁·杨（Andrew Yang）

那是在 2002 年。那时，我在哈佛商学院读大一。回首过去，当我来到波士顿开始上课时，我认为自己是一个能量相对高的智人。在过去的几年里，我一直在做一些决定，一些成年人做的重要的决定，这些都是我在大学期间从未想过的。我搬过三次家，在两家公司工作过。作为一个风险投资人，我投资过十多家公司。我学会做一些重要的决定，包括职业生涯和个人生活方面的。而且，在做这些重大决定时，我并没有搞出多大的动静，这有点儿令人吃惊。如果当时你问我的话，我会告诉你，我已经很擅长做成年人的那些事了。

不可否认，以前的生活比现在的简单。那时还没人听说过色情短信或自拍照。刚进入哈佛商学院时，我还没有社交媒体。那时谁都没有。当时，社交网络还处于起步阶段，即将迎来改变：马克·扎克伯格当时正在离我的学生公寓不到一英里的地方开发第一版脸书（Facebook），而我却对此一无所知。尽管当时还没有脸书、推特（Twitter）等所有助长了现在的错失恐惧现象的社交网络，但一踏进校园，我就发现了一件事：突然之间，我似乎毫无预兆地被一种持续的焦虑感给吞噬了，无论我在哪里、在做什么，总有更精彩的事情在别处发生。这显然是新环境的产物。在我的人生中，我第一次置身于一个充满各种选择的环境中。在这个环境中，似乎一切皆有可能。与此同时，我对周围发生的一切知之甚少，连浅尝辄止的机会也没有，甚至连想都没想。我只要和同学们比较一番，就知道自己永远赶不上他们——大多数同学都很乐意告诉我，他们拥有多么丰富的选择。

让我来解释一下。哈佛商学院的生活，在我想象中就像是现在的社交网络生活。每一天都被塞得满满当当的，就像是领英（LinkedIn）、脸书、推特和色拉布（Snapchat）的现实混搭版——尽管这些公司当时还不存在。你仿佛陷进让你心神不宁的泡沫，新的消息以闪电般的速度传播着。你说的话、你吹的牛皮就像一个社交网络代理，发挥着与新闻爆料、诙谐的照片墙故事或意在讽刺挖苦的推特同样的作用。这种环境引发了一种普遍性的恐惧：你害怕自己对身边发生的事茫然不知，而这件事有可能比你现在正在做的事情更大、更好、更耀眼。虽然不知道这种感觉是什么——我和我的同学都没给它命名，但你得不断地和它做斗争。

我也许比我的同龄人更受罪。现在回想起来，我是世界上第一个错失恐惧症患者的最佳人选。我在缅因州的一个小镇上长大，这个小镇和斯蒂芬·金（Stephen King）小说里描写的那些地方大同小异。如果你从未去过缅因州，我就稍微介绍一下，那里的人都爱做些什么。他们爱吃龙虾，他们爱在海滩边散步，他们忙着铲雪，他们爱去里昂比恩公司（L.L.Bean）。这是一个适合成长和生活的好地方，但并不是一个选择特别丰富的地方。在这个地方，生活是相对可预测的，甚至让人感到舒适。所以，我习惯了从数量合理的若干选项中选择我想要或需要的绝大多数事物。

当我开始攻读工商管理学硕士时，这一切都改变了。我被各种选择狂轰滥炸，并且还由衷地感到，自己不应该与那些千载难逢的经历失之交臂。在我看来，你如果不害怕错失它们，就很有可能真的错失它们。为了确保自己不会错过什么，所有的事情我都想去尝试一下。在校园里，我的身影随处可见。我唯一不害怕错过的事情就是睡觉。我参加了几十个俱乐部，没完没了地奔赴各种社交活动，比如校园宣讲会、周末旅行、讲座，当然还有各种课程。工作日早上，我 7 点前就把自己从床上拖起来，直到午夜过后才倒头睡下。周末，我也同样紧张地忙碌着。你如果在校园里的任何活动现场扔一块石头，就很有可能砸中我。

鉴于我什么活动都想参加，什么事情都想插一脚，我的朋友们开始嘲笑我，说我很可能会出现在信封的开封处。他们说得没错。很明显，我一直都很焦虑，担心自己无法充分利用身边的所有活动，无论是社交、学术还是其他方面的活动。我反驳他们，让他们去照照镜子——他们也好不到哪儿去。我们都忙着确保自己没有落在别人后面，结果花了很多时间和精力在那些并不重要的事物上。我们做这些事，不是因为做这些事能让自己更快乐或更聪明，而是因为其他人也在做这些事。这种行为说明：你如果对任何事情都来者不拒，就不需要思考了。

虽然我和我的朋友们是在开玩笑，但这种恐惧感是真实存在的。这种恐惧感在我和我的同龄人的生活中确实很常见，所以我决定给它起个名字。我经常发明一些俚语和缩略语，所以我认为这个概念——这种恐惧——应该用一个缩写词表示。我将“Fear of Missing Out”（“错失恐惧症”）缩写为“FOMO”，纳入我的词汇表中，并引入朋友圈，作为我们的“通用行话”。2004 年 5 月，毕业之前，我在校报上发表了那篇后来让我名声大噪的文章，并用上了这个我最喜欢的新词。在这篇文章中，我用 1000 多个词对弥漫着错失恐惧症的校园文化进行了一番嘲讽。

尽管这篇文章在校园里引起了轰动，但我对它的长远前景没有抱太大的期望。事实上，我对我新近发明的另一个词——“McGincident”（“麦氏事件”）——的期望要高得多。我想用它概括我家人所做的任何有趣或难忘的事情。可是，“错失恐惧症”慢慢地开始有了自己的生命，而我对此毫不知情。在随后的 10 年里，

"错失恐惧症"以及它在全世界寻求主导地位的故事，成了一个有头有尾、羽翼丰满的"麦氏事件"。

## 错失恐惧症是如何统领全世界的

我虽然完全不清楚当时发生了什么，但现在能够拼接出错失恐惧症的行动轨迹了——它是如何缓慢而稳步地传播，如何越过我的朋友圈和同学圈，逐渐蔓延至地球上每个角落的。这个词首先在美国各地的工商管理学硕士学生中流行起来，他们很容易理解这个概念。他们很快将它引入各个学校的通用术语中。正如《商业周刊》（现在的《彭博商业周刊》）在 2007 年不无讥诮地报道的那样：

> 一种流行病袭击了美国首屈一指的工商管理项目团队。在哈佛商学院，它被称为"FOMO"——错失恐惧症。其症状包括患者习惯性地无法拒绝任何派对、晚宴或郊游活动的邀请，只要该活动能为自己的社交网络吸纳有价值的新成员——无论需要付出什么代价。[1]

第二年，在《纽约时报》畅销书《哈佛制造：一场关于 MBA 的浮华盛宴》（*Ahead of the Curve：Two Years at Harvard Business School*）中，比我晚两年毕业的作者菲利普·德尔夫斯·布劳顿（Philip Delves

Broughton）写道：

> 学校管理方一直告诉我们，在哈佛商学院求学的诀窍是，不要被错失恐惧症缠上。你必须明确地选择你想要做的，并且在不为其他事情患得患失的状态下去做。我每天都去图书馆看报纸，让自己的脑袋尽可能远离那些泡沫，以此减轻自己的错失恐惧症。但错失恐惧症在校园里总是阴魂不散，它在每个人的大脑里都埋下了毒根。[2]

错失恐惧症持续在越来越多的大学校园里蔓延，而那些即将毕业的错失恐惧症患者每年 5 月都会涌入社会，进入科技、咨询和金融等行业工作。他们来到美国和世界各地的办公室，顺便将错失恐惧症一并带来，传染给更庞大的职业人群。与此同时，随着社交媒体的普及、移动互联网的渗透和数字营销的推广，错失恐惧症被引入大众文化中。

尽管科技的进步直接导致了错失恐惧症的广泛传播，但我想起一句金融界的名言："相关关系并不等于因果关系。"你将在下一章看到，早在智能手机发明前，错失恐惧症就已经存在了，即使你购买的电子产品仅限于第一代掌上电脑，它也是存在的。如今，科技已将一系列情感武器化，这些情感自能人时代以来就一直伴随着人类。你随身携带的电子设备往一直燃烧的火苗上添了一大把燃料，以前所未有的方式让火焰猛地蹿了起来。

事实上，从很多方面来看，错失恐惧症堪称美国文化中的一个古老经典习语的后现代版本。早在 1913 年，连环漫画《向琼斯家看齐》（*Keeping Up with the Joneses*）就在《纽约环球报》（*New York Globe*）上亮相了。这部经久不衰的漫画，讽刺了一个名叫阿洛伊修斯，一心想要攀附上流社会的家伙。为了向邻居琼斯一家看齐，他和家人苦苦挣扎，招来了很多不幸和灾难。你如果看过这部漫画，就会发现它简直是一部“类错失恐惧症编年史”。漫画情节主线是阿洛伊修斯的妻子费劲地让他学习亦敌亦友的琼斯先生，穿上粉红色的袜子、绿色的高筒靴，戴上红色的领带。大家都知道，我也会时不时地打上一条红色领带，此外，我和阿洛伊修斯还有很多惊人的巧合。要知道，他的全名是阿洛伊修斯 · P. 麦基尼斯（Aloysius P. McGinis）。虽然我俩的姓相差了一个字母 n，但很明显，阿洛伊修斯和我有很多共同点。他是第一个患上错失恐惧症的“麦基尼斯”，但肯定不是最后一个。

## 错失恐惧症：一个国际名“词”

如今，错失恐惧症已经渗透到整个社会的各个阶层中。它不再是少数人的烦恼，成了一个会影响大部分人的普遍问题。2013 年，该词被收入《牛津英语词典》，3 年后又被收入《未删减版韦氏词典》，这是社会对其地位的认可。它在进入大众视野的同时，也走向了全球，登上了世界各地的头条新闻。由此可见，错失恐惧症绝非美国特有的现象。在过去的几年中，西班牙《国家报》曾开辟了一个专栏，记录“错失恐惧症代”的兴起。[3]与此同时，《印度时报》发出诘问：“错失恐惧症是否把你变成了偏执狂？”[4]法国的《费加罗报》刊登了报道《错失恐惧症是本世纪的新疾病吗》，想要知道错失恐惧症是否只是新世纪出现的一种疾病。[5]土耳其的《沙巴日报》则发出警告：“这种病叫作错失恐惧症，说不定你也会患上。”[6]……情况好像不妙！

现在，如果你在谷歌上搜索“错失恐惧症”这个词，会弹出900多万条内容。“错失恐惧症”在推特和照片墙（Instagram）等网站上出现了无数次，也频频出现在世界各种媒体、广告、表情包以及无数的日常对话中。

√巴拉克 · 奥巴马（Barack Obama）

@BarackObama

没必要 # 错失恐惧症 # 进来吧，免费的，来见见总统。

http://t.co/nTpkrVz1oV.

2013 年 6 月 29 日，中午 12 : 53

√科勒 · 卡戴珊（Khloé Kardashian）

@khloekardashian

我有严重的错失恐惧症！我的家人都在纽约，但我不能回家，因为我正在录制 Kocktails 脱口秀。录完后，我可能会跳上飞机。

2016 年 2 月 11 日，凌晨 3 : 49

√后街男孩（Backstreet Boys）

@backstreetboys

还有几天我们就要巡演了？ # 错失恐惧症 # 后街男孩巡演 2016

2015 年 10 月 8 日，下午 5 : 33

√特雷弗 · 诺亚（Trevor Noah）

@Trevornoah

每个人开口闭口都是错失恐惧症。错失恐惧症究竟是什么？我需要知道，这样我才能融入大伙儿。你们帮帮我啊。

2012 年 11 月 13 日，早上 6 : 05

√哈雷 - 戴维森（Harley-Davidson）

@harleydavidson

# 斯特吉斯摩托车拉力赛 #！第 78 届 @ 斯特吉斯摩托车拉力赛在 # 黑丘 # 火辣登场。如果你到不了现场，就来这儿过过眼瘾吧。传说中的 # 错失恐惧症 # 是真实存在的。# 哈雷 – 戴维森 # 找到你的自由

2018 年 8 月 5 日

√泰拉 · 班克斯（Tyra Banks）

@tyrabanks

就今天吧！现在加入 #FierceUp#，或者永远留着你的 #错失恐惧症 #。@nyledimarco http://bit.ly/ 29ZeOKx

2016 年 7 月 28 日

简单地说，错失恐惧症现在是一个国际名“词”了，总统、卡戴珊、乞丐都会说这个词。鉴于它的强大威力，它现在已经成为妄图左右你的决定的中坚力量，这是由品牌、具有影响力的人，甚至是由和你一样的错失恐惧症患者推动的。讽刺的是，尽管卡戴珊们在“为虎作伥”，但他们和你我一样，同样受制于它。正如你将要在下一章中看到的，除了少数坚定果断、刀枪不入的人，几乎没有人能真正脱离它的控制。

# 第二章

# 患上错失恐惧症，这不是你的错

弗莱（Fyre）豪华音乐节将是 2017 年盛况空前的活动，它会让你的错失恐惧症发作！

——弗莱音乐节投资者融资演讲稿[1]

2017 年 4 月，弗莱豪华音乐节——一场不可错过的音乐盛事——让人们大失所望。这个音乐节由企业家比利·麦克法兰（Billy McFarland）和说唱歌手杰·鲁（Ja Rule）赞助，在巴哈马群岛中的一个名为巴勃罗·埃斯科巴（Pablo Escobar）的私人岛屿上举行。为了卖门票，组织者把所有的筹码押在了一个由网络红人组成的精英团体身上。这个精英团体被称为“弗莱发起人”，其目标受众是“千禧一代”，当中近一半的人承认他们参加现场活动，是为了在社交媒体上爆料。[2] 在弗莱发起人中，有四个极具影响力的网络红人：肯达尔·詹娜（Kendall Jenner）、艾米莉·拉塔科夫斯基（Emily Ratajkowski）和贝拉姐妹——贝拉·索恩（Bella Thorne）、贝拉·哈迪德（Bella Hadid），他们在照片墙上的粉丝加起来约有 1.5 亿个。

在这四位网络红人的带领下，弗莱发起人影响了 3 亿多人，并诱使他们的拥趸为每张门票支付了 1.2 万美元。开始售票的 48 小时内，95% 的门票就已售出。[3] 尽管弗莱豪华音乐节主办方承诺将为大家带来一个千载难逢的美好周末，但最后这场音乐会却成了一场为社交媒体定制的“垃圾箱火灾”（处于绝望境地或灾难性的失控状态）。事实证明，你计划举办国际音乐节，仅有远大的梦想和杰·鲁的支持是不够的，还需要基础设施。很明显，当第一批客人到达时，由于安全和食宿方面存在严重问题，演出活动就已经无法继续下去了。还有，眨眼 182（Blink-182）乐队退出了。所以，请清醒一下吧。

讽刺的是，这个完全依赖网络水军的音乐节，遭到了愤怒观众的无情驳斥。他们的帖子在网上疯狂传播。和人们在社交网络上的热评一样，很明显，整个事件从一开始就是设计好的，是为了制造错失恐惧，并利用它来赚钱——从声称要“占领”埃斯科巴小岛，到承诺提供美食和豪华住宿，莫不如此。这太过分了。这也是一个阴谋，麦克法兰最终因此举被判处 6 年监禁。

如果你想对疯狂错乱的弗莱豪华音乐节翻白眼或摇摇头，那么你并不孤单。大多数人做梦也不会想到，自己会因为贝拉姐妹在照片墙上发布了什么内容而损失一笔钱。整个事件太愚蠢了，说好听点儿，就像一场闹剧。然而，事实上你每天都要面对自己的“弗莱豪华音乐节”——尽管其规模要小得多，不易察觉得多。无论你因为工作到很晚而错过了一场社交活动，还是在餐桌上尽量控制自己拿起手机的欲望，抑或琢磨为什么大家似乎都在靠炒比特币发财，而你完全不明白比特币究竟有什么用，你都在不断遭到各种事件的打击——包括网上的和现实生活中的各种事件。它们会进入你的潜意识，劫持你的直觉。不管你是否意识到，错失恐惧症都已经无处不在了。

鉴于这一现实，击败错失恐惧症的第一步是，学会发现所有袭击你注意力的事物。要做到这一点，你首先需要了解错失恐惧症的含义及其运作机制。这实际上比看起来困难得多。随着这个词越来越流行，各种各样的定义层出不穷。为了清楚起见，我想给“错失恐惧症”下一个全面的定义，以便我们在下文继续使用和讨论这个术语。

**错失恐惧症**

1. 你认为别人的经历比你自己的经历更令人满意。这种认知往往通过社交媒体放大，从而引发不必要的焦虑。

2. 你意识到自己将会错过一种积极的或令人难忘的集体经历，或是被排除在外而产生社会压力。

## 认知所扮演的角色

你对某一事物内在价值的认知，基于各种外部和内部线索——比如家人、朋友、网络红人，过去的经历、兴趣或激情。这些都是让你相信你必须做某事或拥有某物的诱因。它们不是定量的，而是全部或部分地被各种感觉、偏见、希望和不安全感遮蔽着。从某种意义上说，认知是高度情绪化的产物。当你由于某种认知而感受到错失恐惧时，你就会产生改善现状的强烈愿望。你为何想要离开沙发，去参加派对、出门旅行、照看孩子或者工作呢？这是因为你相信，这样做会让你的人生在某种程度上比现在更美好。从本质上讲，错失恐惧症和人的雄心、抱负有关，根植于人们对比当下的事物更宏伟、更优质、更光鲜的事物的追求。它还暗含这样一个假设：你有选择，甚至可能有大量真实存在的或感知到的选择供你挑选。

同时，认知也可能具有欺骗性。你如果仔细想一想，就会发现，你真的不知道某一事物是否名副其实。你以为能得到的或你希望得到的事物，与你真实所得之间的脱节——信息不对称——被直接纳入了错失恐惧症的 DNA（脱氧核糖核酸）中。当你意识到试图让你做某事的外部影响是模糊的，而且你的认知可能因为信息不对称而有所扭曲时，事情就开始变得有意思起来。你如果事先知道你将会得到什么，就不会花哪怕一分钟的时间或燃烧哪怕一卡路里的能量去担心你会错过什么。选还是不选，你会立刻做出决定。有了全面的信息，未知的一切就失去了力量。你如果曾经尝试过网络交友或在线购房，就知道现实情况和照片里呈现的永远有差异，也就明白我的意思了。当你将认知与现实相比较时，这种差异可能是惊人的。这正是有些网络红人会有一种不正当的动机的原因。这些网络红人会让自己所兜售的东西看起来很神奇，实际上这些东西无趣至极。一旦我们消除了信息的不对称，这种作秀就宣告结束了。

## 被接纳所扮演的角色

正如你将在下文看到的，从生物本质的角度来看，人类天生渴望被接纳，并不惜一切代价避免自己遭到排斥；从人类历史的角度来看，这种本能是适者生存的残酷表现。但现在它已经变成另一种东西，它变成了一种希望自己属于某个群体、希望自己消息灵通的强烈渴望。从情感上说，这就像你小时候上体育课时队长挑选队员一样，你靠墙站着，队长在你的同学中挑选队员，一个个同学被他们先后挑走了，只剩两个倒霉蛋，最后才被选中。如果你不是一个很优秀的运动员（我就不是，因为我超重几磅），那么你最害怕的事就是一直留到最后才被选中（我通常就是这样）。当我站在那里，低头看着我的耐克鞋时，我想要的只是一种融入他们、被接纳的感觉。你如果曾经遇到过这样的事情，就会明白我的意思。你不需要赢得比赛，甚至不关心你能否得分，只是不想成为那个被挑剩下的人。

## 美国的“奔牛节”

我们虽然给错失恐惧症下个明确的定义很有必要，但说明它在现实世界中是如何存在、如何表现的，显然更加实用。我相信，如果有一天精神病学家和社会学家组队研究过度的错失恐惧症及其对社会的影响，那么他们毫无疑问会发表长篇累牍的学术研究文章，研究一种标志着假日购物季开始的仪式——每年 11 月第四个星期五的清晨，数百万美国人都会投身到“黑色星期五”这一文化现象中。

即使你决定站在一旁冷眼观望，“黑色星期五”照样会侵袭你的感恩节：你在专心地做自己的事情，准备着与家人团聚、享用美食、踢足球等，与此同时，你逐渐意识到，距离开始买便宜货——买超级便宜的便宜货——只有几小时了。社交媒体显然和这种现象脱不了干系，无数“千年不遇大降价”的消息就像病毒一样在互联网上疯狂传播着。推动“黑色星期五”的许多心理暗示，在本质上是极其类似的。首先，当地报纸的感恩节特版上排满了亮闪闪的广告，承诺在商店开门时给那些排在队伍最前面的大无畏者提供巨大的折扣。其次，打开电视机或收音机，你就会收到提醒：你如果真的爱一个人，就会乘着夜色出去买礼物给他 / 她。最后，在吃南瓜派时，你的阿姨会告诉你，她必须尽快上床睡觉，这样她就可以在凌晨3点前赶到商场，为她的孙子孙女抢到最新款的、最高级的游戏机，要知道，她每年都会这样做。

买便宜货当然好了（谁不喜欢买便宜货呢），但“黑色星期五”有许多不招人待见的地方。每年大减价开始的时间都会比上一年提早一点儿，这就意味着零售业的工作人员必须提前结束他们的假期，通常在感恩节当天就得开工。此外，“黑色星期五”不再只是一天了，因为零售业已经孕育出“黑色星期五”的“下一代”，包括“小商业星期六”（Small Business Saturday）和“剁手星期一”（Cyber Monday）。这些好日子再加上“给予星期二”（Giving Tuesday），感恩节前后的一周就变成了购物狂欢的一周。与“黑色星期五”带来的其他“传统”相比，这些“下一代”所带来的烦恼就显得微不足道了。每年，当汹涌而至的人们挤成一团争抢便宜货时，都会出现伤亡事故。毕竟，这些促销活动被称为“挤破脑袋的开门大抢购”并不是没有原因的。人性中最坏的一面，总会在这时暴露出来。有一个名为“黑色星期五死亡人数”的网站，专门记录了“黑色星期五”当天因踩踏、扭打和停车斗殴造成的伤亡。

你如果往后退一步，就能看清商家在“黑色星期五”耍的那一套，和错失恐惧症的核心要素——认知和被接纳——是暗合的。首先，信息的不对称让你相信，你如果想在便宜货卖完前买到它，就必须冲入拥挤的人群中。你不知道竞争有多激烈，也不知道商家有多少库存商品，所以你必须在商店开门前就赶到那儿，以免错过省钱的好机会。其次，这种狂热发掘了大众的力量，整个体验都建立在与邻居互相攀比的兴奋感上，大家都渴望买到可以放在树下、烛台旁或衣橱里的好东西。零售商们使出浑身解数，让你能大驾光临。2018 年，沃尔玛宣布，所有门店都将举办派对，赠送 400 万杯咖啡和 200 万份饼干。[4] 这样的促销手段听起来可能有点儿虚情假意，但确实非常有效：约有 1.75 亿美国人（包括我在内）会在感恩节和“剁手星期一”之间的周末网购或去商店购物。[5]

总之，“黑色星期五”背后的力量构成了一个多面的阴谋，让你离开你的家人、你的床，狂刷你的信用卡。但这不是唯一的阴谋。每天你都面临着一个阴谋，一个由生理、文化、科技共同推动的阴谋，其目的和“黑色星期五”如出一辙——触发你的错失恐惧症，迫使你做出的选择受外部因素影响，而不是依据直觉和逻辑。因此，重点要记住，错失恐惧症并不是你选择的。相反，它是一群“乌合之众”强加给你的，它们包括苹果、谷歌、脸书、色拉布、大众消费品牌、网络红人、你的大脑皮层、你的祖先和《圣经》。你虽然患上了错失恐惧症——正如在下一节中你将看到的那样，但没有机会战胜它。

## 为什么错失恐惧症不是你的错

### 1. 生理因素

尽管用来描述这种感觉的首字母缩略词 FOMO 是新的，但其背后的冲动早已存在。从神经生物学的角度来看，人类会下意识地产生错失恐惧感。在能人和直立人的时代，我们的祖先以狩猎、采集为生，以部落群居的形式生存。他们很清楚自己拥有什么，缺乏什么生存必需品。那时候，偏执狂是要付出代价的。如果你和你的原始人同伴在四下游荡时，错过了食物、水源或庇护所，那么你们所有人的生命都会受到威胁。与此同时，原始人认识到，他们得以生存的原因之一是他们一直生活在一个能帮他们应对恶劣环境的群体中。如果你被逐出这个群体，或者无法得知重要信息，那么你就危险了。你知道你需要加入一个群体——你需要被他人接纳——才能在适者生存的竞争中取胜。如果没有错失恐惧症，那么人类这个物种可能已经消失了。

即便到了今天，我们的 DNA 中仍然保留着令我们祖先患上错失恐惧症的化学物质。最近，美国密歇根大学的研究人员在《分子精神病学》（*Molecular Psychiatry*）期刊上发表了一篇论文，详细论述了大脑如何产生一种惊人的情感反应以应对遭人拒绝的威胁。他们设计了一个书呆子版的交友软件，让一些实验对象从一大堆网上约会资料中进行筛选，并根据他们想和对方交往的程度，按照先后顺序对这些约会对象进行排名。接下来，在让受试者了解他们最心仪的异性是否回应了他们的示爱，他们有没有遭到对方拒绝之后，科学家为这些受试者做了脑部扫描。等受试者的眼泪流干后，扫描结果显示，在应对身体和情感上的伤害——比如失败或遭到拒绝——方面，人类大脑使用的是同一类天然“止痛药”——类鸦片“药物”。[6] 事实证明，言语造成的伤害并不亚于棍棒和石头，尤其是当你渴望被人接纳和认可的时候。

并非只有人类才会本能地寻求群体的接纳，有些动物也有这种本能。在“黑色星期五”，美国人“大迁徙”到购物中心的那一幕，让我想起了塞伦盖蒂平原上的角马大迁徙。每年，超过 150 万头角马从坦桑尼亚北部长途跋涉 600 多英里进入肯尼亚，然后再原路返回。这是一次险象环生的旅程，大约有 25 万头角马会在迁徙途中死亡。但它们别无选择，因为它们有被迫迁徙的本能。

在向北奔向马赛马拉的途中，角马们彼此紧挨着，前一头角马的尾巴和后一头角马的鼻子几乎贴在了一起。它们排成长长的队伍，一眼望不到头。随着它们的前进，这一场漫长的游荡似乎开始有了意义。这是一种基于“群体智能”现象的生存策略。当它们成群结队出动时，它们的天敌一次最多只能抓获数头猎物。所以，即使掠食者拖走了一两头角马，其余的角马仍然会无所畏惧地继续往前赶路。每头角马都相信自己的本能，因为它们就是这样在穿越平原的漫长旅程中生存下来的。

你可能会问：角马迁徙和“黑色星期五”到底有什么关系呢？关系太大了。稍加思考，你就会发现，两者都是从众心理的典型例子。错失恐惧症源于某一生命个体对归属于一个群体的原始渴望。在这方面，我们和角马并没有太大的不同。我们被寻求接纳的本能所驱使，在我们眼中，这是我们生存的基础。所以，所有在美国“奔牛节”上疯狂抢购的人，都可以把这一切归咎于遗传。

这就是说，记住一点很重要：我们都不是角马。即使你错过了弗莱豪华音乐节或者隔壁邻居举办的“权力的游戏”纪念日派对，你被鬣狗袭击并死亡的概率也几乎为零。除非你生活在塞伦盖蒂平原（在那里，就像任何角马都会告诉你的那样，这种概率在统计学上并不低），否则你可以将这种危险忽略不计。与角马不同的是，你就算不跟在别人的屁股后面，也能生存下来。

### 2. 文化因素

使人类有史以来一直易受错失恐惧情绪影响的生理根源，并非从未引起人们的注意。数千年来，戏剧、电影、宗教和流行文化等都表现出了这种人类精神状态。

让我们回顾一下《圣经》中的《创世记》。在远古时代，亚当和夏娃只管自己的事情，照看伊甸园，并向上帝保证自己绝对不会采食智慧之树上的果实，因为这是上帝明令禁止的。一切都很顺利——他们生活在一个人间天堂中。但后来蛇出现了，它说服夏娃偷食了禁果。它给了夏娃一个无法拒绝的理由：这果实看起来赏心悦目，她如果吃了禁果，就能分辨善恶了，就像上帝一样。在受到诱惑后，夏娃被上帝逐出了伊甸园。对她来说，这就是错失恐惧症让她付出的代价。

根据圣经故事记载，夏娃是第一个由于吃了不该吃的东西而遭受恶果的人，但她绝对不是最后一个。人们以各种错误方式摄入各种食物——无论是辣椒、肉桂还是牛奶——的视频，已经在油管（YouTube）上获得了上亿次的点击量。这类杂耍一般的表演之所以会在餐馆、家中和游乐场上一再上演，就是因为全球各地的人常常把谨慎抛到脑后，向自己的错失恐惧症投降，参加这些愚蠢的饮食挑战。他们并没有受到蛇的诱惑，而是受到了融入人群、耍酷耍宝的机会的诱惑。除了浪费食物，这些滑稽的行为还会让他们付出惨重的代价——被送进医院。在美国的俄亥俄州，5名学龄儿童因食用了超辣的鬼椒而出现过敏反应，被送往医院治疗。[7]还有更糟的，美国的加利福尼亚州的一名男子乱吃东西，导致食道撕裂，不得不住院23天。[8]

错失恐惧症和互联网的协同作用，会让人们做出非常鲁莽、不计后果的事。公司也是如此。2017年，百事公司希望通过一部名为《赞歌：活在当下》（*Live for Now Moments Anthem*）的短片来抓住“千禧一代”的想象力。在这部影片（呃，其实是商业广告片）中，模特肯达尔·詹娜（Kendall Jenner）放弃了一次专业录影工作，加入了一支恰好从她身边经过的游行队伍。肯达尔虽然不清楚他们抗议的是什么（一个牌子上只写着“爱”的字样），但还是奋力挤到人群的最前面。她走在队伍前面，自信满满地跨了一大步，走到一排面无表情的防暴警察面前。当她拿出一瓶百事可乐递给警察时，紧张的气氛被瞬间打破了。那个警察喝着可乐，露出笑容，人群中爆发出一阵欢呼，人们彼此拥抱。大家似乎都意识到，百事可乐或许可以解决世界上所有的问题。

为了让“千禧一代”团结一致地爱上百事可乐，百事公司成功地达成了一个更加难以达成的目标：让不同政见的美国人团结了起来，因为他们一致认为百事的影片（呃，应该是商业广告片）太离谱了。在人们看来，用抗议的影像宣传饮料，是在将最初给这条广告带来灵感的那场社会运动庸俗化。在遭到广泛而强烈的抵制后，百事公司在 48 小时内撤下这部广告片。随后，该公司向消费者和詹娜女士公开道歉。对詹娜来说，这件事似乎开启了糟糕的一个月：弗莱豪华音乐节几周后就要举行了。

无论是吃禁果、摄入过量的食物，还是喝下“犯禁”的百事可乐，这些例子都清楚地表明，错失恐惧症在人类文化中早已根深蒂固。就算没有智能手机和社交媒体，你也有可能患上它或为它付出代价。在互联网和社交媒体出现前，报纸、广播、电视以及饮水机旁的对话，甚至是弗兰克叔叔去夏威夷旅行的幻灯片，都会激起人们的错失恐惧症。不过，在过去的 20 年里，有些事情已经发生了明显的变化。人类已经在地球上生活了成千上万年，为什么从能人到霍默·辛普森（Homer Simpson）的所有人，从来都不需要一个词来描述错失恐惧感，现在却需要了呢？这种明显的变化，起因正是互联网的出现，以及从模拟时代到数字时代的社会转型。

### 3. 科技因素

你如果想了解科技在推动现代错失恐惧症中所扮演的角色，

那么可以追溯到 21 世纪初，也就是社交媒体的“黑暗时代”。由于缺乏社交媒体、智能手机、信息以及它们协同作用所带来的无处不在的连通性，那个世界的运行方式和现在很不一样。几乎每一次数字互动，都需要你主动决定是否连接网络。你可以打开电脑，连上网络电缆或为数不多的无线网络热点，然后开始网上冲浪或收发电子邮件。没有突然弹出来的通知，也没有每隔几秒钟就来夺走你注意力的消息和应用程序。从这个意义上说，使用互联网仍然很像看电视。因为每次联网都是你的选择，所以是你控制了互联网，它并没有控制你。

而到了现在，你还记得最后一次心无旁骛地做事是在什么时候吗？很可能是你买下第一部智能手机的前一天。从那以后，你只要有点儿自由时间（比如你在排队买菜时），就可能会拿出手机。你启动了一个应用程序，写了一封邮件，浏览了社交媒体，玩了手机游戏，或者发了一堆信息。你没有用那几分钟去做做白日梦，或者让自己发发呆、愣愣神，让你的大脑放空片刻。美国人现在每天盯着屏幕的时间超过 10 小时，其中大部分时间都盯着自己的移动设备。[9] 现在互联网已经掌管了天下，并且控制了你。

是什么发生了改变？三股强大的力量从根本上重构了我们与科技以及我们彼此之间的关系，改变了我们接收信息的方式，并强化了长久以来让错失恐惧成为人类心理构成部分的原始本能。首先，我们生活在一个可以不间断地获取信息的时代。其次，我们的生活被社交媒体兴起所带来的高度互联性改变了。最后，所有这些信息和互联使你很容易去和别人比较，不管他们住在你家隔壁，还是住在地球的另一端。其后果就是对照焦虑（Reference Anxiety）。在被高度包装的社交媒体世界里，这种焦虑尤其有害。

（1）不间断地获取信息

亨利·戴维·梭罗（Henry David Thoreau）有句名言："大多数人都生活在平静的绝望中。"他如果现在还活着，也许会在推特上发布下面这条忧心忡忡的评论：

> **亨利·戴维·梭罗（Henry David Thoreau）**
>
> @HDThoreau1817
>
> 大多数人过着信息过剩的生活。#我为什么要去瓦尔登湖#
>
> 2020年5月5日

我们一直生活在一个错综复杂、不可预测的世界里。但从前，大多数人还是相当幸运的，因为除了自己身边的人和事，他们并不知道这个世界上还发生了什么。每隔一段时间，普通人会通过电视新闻、平面媒体和口耳相传这三个信息来源获取一些信息。回首过去，一切都显得那么古雅特别。如今，互联网将源源不断的实时新闻和热点评论直接发送到你的手机上。你可以随时跟进任何你关心的事物，了解所有的细节，无论那是多么小众的事，无论你在哪儿生活。你也可以参与进去，评论或挑衅其他"数字公民"，并且在这个过程中，让你自己也成为故事的一部分。

数字通信和移动通信的大众化，戏剧化地改变了信息的接收、处理和传播方式，这些科技对社会的影响十分显著。从 2008 年到 2017 年的 10 年间，美国人每天花在数字媒体上的平均时间，从 2.7 小时上升到了 5.9 小时，增加了一倍多；而移动媒体的使用从每天不足 20 分钟激增至每天 3 小时以上，增幅超过 800%！[10] 信息获取已经大众化了，庞大的信息量虽然令人振奋，但往往也令人疲惫，无从躲避。但最重要的是，它会让人上瘾。皮尤研究中心（Pew Research Center）发现，77% 的美国人每天都会上网，而 26% 的人几乎一直在线。[11] 在这个"永远在线"的社会中，我们已经变得如此依赖互联网，它是我们娱乐、生产、机会和信息的来源，没有互联网的生活，几乎是无法想象的。亚胜公司（Asurion）最近的一项研究发现，大多数美国人认为，如果没有手机，他们就只能活一天。[12] 作为对比，受访者声称，如果没有食物和水，他们也就只能活一天。

（2）高度互联性

当我们淹没在信息中时，我们的生活被高度互联和持续共享改变了。从一开始，社交媒体的吸引力就是不可否认的。任何人都可以成为自己数字生活的主角。一开始，社交媒体只有更新状态和留言的功能，但很快就演变成一个公共广场，用户可以在上面分享图片、视频、观点或任何可能让人点赞的东西。你可以自编自导自演，并在这个过程中得到即时反馈，为什么还要看电视呢？

调查发现，56% 的人担心，远离社交网络会错过一些活动、新闻和重要的更新状态。[13]全球社交媒体用户的总数超过 26 亿，预计到 2021 年将超过 30 亿，约占全球总人口的 40%，[14]这真的非同小可。这意味着很快将有很多人患上错失恐惧症。鉴于社交网络这种惊人的渗透力，无论你是在帕洛阿托，还是在巴布亚新几内亚，你每天花在社交媒体上的时间很可能都会超过 2 小时。[15]这比大多数人花在吃饭、开车或锻炼上的时间还多。只有睡觉、工作和看电视会消耗更多的时间。这让人瞠目结舌。在不到 20 年的时间里，我们把人生中充满意义的一部分时间——我们与世界、与身边的人互动的时间，交给了一种全新的力量。

（3）对照焦虑

想象一下，假如人类学家研究人类的唯一工具是照片墙，会发生什么。他们会对现代社会得出什么样的结论呢？根据我在推特上看到的爆料，我猜想，他们会惊叹于这样一个美好的世界：布鲁克林的嬉皮士喝着抹茶拿铁，超级可爱的孩子们总是面带微笑，懒洋洋地躺在泳池边的人在拍自己的脚。这可能多少会引起他们的不适：他们自己的生活和这些人的没法儿比。

你在网上收集的所有社交媒体信息都自带一个消极面：你不管是否认识对方，都会忍不住想要了解他们的生活，然后再对照一下自己的生活状况。人们总是喜欢和自己的朋友、邻居攀比一番。毕竟，人类天生就爱竞争，容易缺乏安全感。人类天生爱与邻居攀比，但社交媒体则让他们更容易看到除邻居外的其他人的生活快照，无论这些人住在哪里。你可以不偏不倚地评估他们

（在线上）的生活，然后通过比较来判断你的生活究竟如何。当然，你并不知道，这些精挑细选的图片和帖子是否符合现实。由于信息不对称，你永远无法知道完美滤镜背后隐藏着的是什么。

谁不曾从新闻推送中屏蔽掉自己社交网络中那些成功的人呢？你即使喜欢对方、尊重对方，每天看他们的成功故事，忍受他们“谦虚”的吹嘘，也会感到厌烦。尽管你屏蔽了不少人，你多多少少知道所有人——从你最好的朋友到赛琳娜·戈麦斯（Selena Gomez）——都在包装着他们的数字生活，但你很难不把自己的生活与这些无法企及的高水准生活进行比较，不管那样的生活究竟是真实的，还是想象出来的。只要问问阿洛伊修斯·麦基尼斯就知道了，跟邻居攀比会让你筋疲力尽。

与此同时，你可能比以往任何时候都更容易寻求或继续体验更多非凡的经历，这真是一个天大的讽刺。在过去的 30 年里，机票价格下降了 50%，因此去追逐一场完美的日落，比从前更便宜、更容易了。[16] 与此同时，自由职业、零工经济和高新科技让远程办公成为可能，人们的生活方式变得前所未有的灵活。其他的办不到，你大可以给你的那张牛油果吐司照片加上滤镜，给它涂上一层厚厚的“数字化妆品”，让全世界甚至你自己相信，你刚刚发布了有史以来最棒的牛油果吐司照片。

一旦你这么做了，你就迈出了恶性竞争的第一步。你进入了一场由数字欺骗和非对称信息主导的自欺欺人的战役，并且你永远都不会赢。没人能赢。即使你赢了，你的胜利也很肤浅。你如果开始用获“赞”的数量来衡量你的自我价值，很快就会陷入深深的失望中。寻求外部肯定的问题在于，它不会持久。被接纳的光芒很快就会消退，你很快就会发现自己在寻求下一波的认可，就像其他上瘾者寻求下一次大红大紫一样。

这听起来有点儿夸张。但你应该知道，错失恐惧症可不是闹着玩的。它对你、对社会都会造成严重的影响，所以你必须对它保持警惕。现在你已经意识到了这个让你患上错失恐惧症的阴谋，你就应该能够看到，到处都有它留下的痕迹。你会注意到，这些外部线索如何驱使你做出情绪化的决定，而不是理性的决定。如此一来，你就不会相信直觉了。你的感官几乎每天都在遭受来自四面八方的袭击，而这是对抗这种袭击的第一步。有些“入侵者”虽然似乎是无害的，但如果叠加在一起，就不是无害的了。在下一章中你将看到，那些把你变成错失恐惧症患者的种种因素，虽然从表面上看似乎是无害的，但它们让你付出的代价会滚雪球般地飞快叠加起来。

# 第三章

# 不只是模因[1]

你知道，忌妒是它们拥有的全部乐趣。

——埃里卡·琼（Erica Jong）

在过去几年中，从梅西百货（Macy's）、唐恩都乐（Dunkin）到声田（Spotify），各种品牌都在它们的营销材料中使用了“错失恐惧症”这个词或其变体。其中，我最喜欢的是麦当劳的公司形象广告。在这条广告中，麦当劳提醒顾客当心“害怕错过烤汁猪排堡”（Fear of Missing Out on McRib）。别担心，我们不会的。与此同时，各种“照片墙”上的艺术设施和博物馆（比如“冰激凌博物馆”“色彩工厂”“自拍博物馆”等）在世界各地纷纷冒了出来。其中我最喜欢的一家——错失恐惧症工厂（The FOMO Factory）2018年开始在美国的得克萨斯州奥斯汀市中心营业。游客只需花28美元就可以体验一种沉浸式的自拍体验：只需参观一家只提供斯耐普果汁（这一展览的赞助商之一）的酒吧，然后拍下足够多的照片，便能在可预见的未来成为社交媒体上的热点。[2]

鉴于“错失恐惧症”具有很高的模因价值，它已经成为网络红人、脱口秀主持人和推文话题运营专员最喜欢的一个词了。它通常被认为是一些与自拍，害怕错过派对、假期或烤汁猪排堡有关的琐碎甚至搞笑的事。事实上，《城市字典》（*Urban Dictionary*）对“错失恐惧症”的第一条释义（在“错失恐惧症”这个词被收录在《牛津英语词典》和《未删减版韦氏词典》之前多年，它就已经引起轰动了）就支持这种看法。

**错失恐惧症**

担心自己一旦错过了某一场派对或活动，就会错失一切美好事物。“尽管约翰很疲惫，但他的错失恐惧症仍然占了上风。最后，他还是去参加聚会了。”#恐惧##错过##派对##夜生活#[3]

和瑞克摇摆（Rickroll）、“哈兰贝”（Harambe）、“查克·诺里斯的真相”（Chuck Norris Facts）、“汰渍洗衣球”（Tide PODS）以及其他上百万个风行一时又销声匿迹的模因不同，错失恐惧症具有令人难以置信的持久力。如今，它是一个被广泛接受的代码词，尤其对“千禧一代”来说。《纽约》杂志旗下的时尚资讯类博客

The Cut 完美地捕捉到了“错失恐惧症”这个词在流行文化中如享特权般屹立不倒的原因。该杂志写道：“……一般来说，‘错失恐惧症’这样的词是积极的，它帮我们表达出了一些连我们都不知道自己其实已经感觉到的东西。”[4] 如此一来，“错失恐惧症”就不仅仅是一个名词了。它影响了社会上很大一部分人的状态，使人们的生活更加复杂、更不愉快。当你终于意识到，你并不是唯一的苦苦挣扎的人的时候，刚好有一个词可以描述你的感受。于是，这个词便引起了你的共鸣。

这种苦苦挣扎是真实的。据《今日心理学》（*Psychology Today*）报道，有错失恐惧症的人普遍存在情绪不佳、自尊心不强、感到孤独和自卑的情况，尤其是当他们认为自己不如同龄人或社交圈中的人成功的时候。[5] 错失恐惧症往往还与学习成绩不佳、难以建立面对面的人际关系以及积极性下降有关。[6] 鉴于这些影响，这种心理隐患已经引起世界各地心理学家的关注，并迫使他们进行实地研究，以便更好地了解其原因和影响。

研究人员已经进行了一些数据分析，分析显示了错失恐惧症是如何直接影响一个人对自己的看法、影响一个人的生活的。例如，2018 年，一项针对大学生的研究显示，患有错失恐惧症的人“更容易感到疲劳，压力更大，睡眠问题和其他疾病更多”[7]。这项发表在《动机与情感》（*Motivation and Emotion*）杂志上的研究成果，还描述了错失恐惧症如何随着个体的日程安排和日常活动而发生变化。例如，错失恐惧症在一天快结束的时候，或在一周快结束的时候会更严重。当你在做一些必须做但不一定有趣的事情（比如工作或学习）时，它也会达到顶峰。在星期五晚上去图书馆学习时会比在星期二下午和朋友一起吃午饭时更容易感到错失恐惧，这不足为奇。该研究还发现，在数字世界和现实世界中，比如通过口口相传，了解到某个事件的信息，受试者体验到的错失恐惧感是一样的。

在激发错失恐惧感方面，社交媒体扮演着极其重要的角色。具体来说，它减少了为你当下所做之事寻找可替代选择方案的阻力。和校园中的口口相传相比，通过社交媒体发现你周围充斥着大量诱发错失恐惧症的事，显然更容易，也更有可能。社交媒体是错失恐惧症的强大催化剂，人们指责它会带来压力、引发忌妒和沮丧等不良情绪，还会导致年轻人冒不必要的风险、在网上发布不恰当的内容。它还会通过破坏线下的人际关系，延伸到现实世界。[8]

无论你的错失恐惧症来自你的手机还是你面前的朋友，越来越多的科学证据表明，你的生活有可能因此遭到真实而持久的伤害。当决定背后的动机被你的同伴、你周边的环境或互联网系统化地劫持时，你就放弃了控制权。你对自己的人生失去了决定权。尽管关于错失恐惧症的研究日益增多，但由于这种现象被发现不久，关于它对人的身心健康的长期影响，我们仍有很多需要学习和理解的地方。正如《错失恐惧症：关于其流行、动态和后果的探索》（*Fear of Missing Out：Prevalence，Dynamics，and Consequences of*

*Experiencing FOMO*）一书的作者总结的那样："总的来说，我们认为社会心理学忽略了错失恐惧症，我们呼吁对这一现象进行更多的研究。"[9]

谁说社会心理学家没有幽默感呢？

## 始于错失恐惧症一代，但不会终结于此

错失恐惧是从摇篮到坟墓始终伴随着人们的一种心理感觉。你如果曾经试着哄一个想熬夜的孩子睡觉，或者试图和你的祖父祖母（他们有很多问题想和你沟通）结束通话，就一定明白我的意思。然而，迄今为止，大多数人的注意力都集中在"千禧一代"身上。全球知名的广告公司智威汤逊（J. Walter Thompson）在 2011 年进行的一次关于错失恐惧症的里程碑式研究中发现，72% 的"千禧一代"成年人都或多或少地符合错失恐惧症患者的概念，而 41% 的"千禧一代"有时或经常出现错失恐惧症的症状。[10] 虽然这项研究是在错失恐惧症患者可能比现在少的时候进行的（像照片墙、色拉布和 Tinder 这样的应用软件当时还不存在），但其影响是显而易见的。这一代人——我称之为"错失恐惧症一代"——代表了第一波真正的数字原住民。

大多数"千禧一代"对互联网出现前的世界一无所知，他们一直都活在网络世界中。从匿名社交网站 Yik Yak 到轻博客网站汤博乐（Tumblr）、Vine，再到"海外版抖音"TikTok 以及那些他们

父母从未折腾明白的网站或应用程序，对于每一款占据集体意识的新数字产品，他们都充当了“矿井里的金丝雀”。他们尴尬的青少年时期、无忧无虑的大学时光，都是在网上度过的。他们生活的方方面面都离不开网络。他们几乎本能地成为塑造自己数字人设的专家，目的是让别人喜欢他们。并且，他们会不遗余力地为自己打造完美的形象。尽管所有目光都聚焦在“千禧一代”身上（那些乖戾的人哀叹，这一切都是“千禧一代”自己造成的），但很明显他们并不孤单。智威汤逊广告公司还发现，超过半数的“X 一代”和三分之一的“婴儿潮一代”都或多或少地患有错失恐惧症。

错失恐惧症和做决定关系很大，当你想到这一点，事情就变得明朗起来。人的第一波焦虑始于幼儿时期，信不信由你。当你开始意识到你周围的世界，开始意识到它提供的所有机会时，你就开始意识到施加在你身上的种种限制，意识到自己缺乏权力。你不能决定自己什么时候睡觉，不能选择吃什么，也不能制定什么规则。这种压抑的状态会持续整个童年，一直陪伴你进入青春期。那时的你会尝到一丝丝自由的滋味——尽管仍然受到各种束缚，除非你是一个十足的小无赖。之后，你进入成年期，搬出父母的家（或不搬出），开始按照自己的意愿生活。

这种独立令人陶醉，但也会让你不知所措，特别是当你受到诱惑，想把自己和所有你遇到的各种背景、各种经历的新朋友做比较的时候。和你自己的生活相比，他们的生活似乎很有吸引力。

你想做的事情太多，而能支配的时间太少。你想做所有的事，但结果都失败了。这种“生命只有一次，你只能活一回”（YOLO）的心态，会持续到大学毕业后的几年。从很多方面来看，那几年的生活是大学生活的延伸。你的身边仍然聚集着不少同龄人，你有自己的小群体，你们很容易互相比较。别人也会经常邀你一起去找乐子，去冒险。这是最容易让你停止独立思考，并开始根据周围环境生成的所有外部线索做出决定的时候。

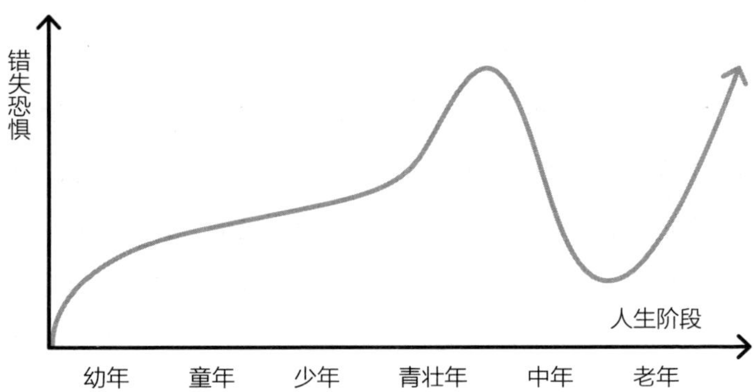


错失恐惧症伴随着人的一生

错失恐惧心理会在一个人的青壮年时期达到高峰，随后在步入中年的过程中逐渐消退。无论是忙于工作还是生活，逐渐步入中年的你都比以往任何时候更忙，你没有太多时间去想自己错过了什么，同时往往会很疲惫。夜不归宿的行为，会在第二天造成严重后果。造成错失恐惧心理的信息不对称，在你步入中年时，也不再像以前那样厉害了。你已经拥有了丰富的人生经历，所以当新的机会出现在你面前的时候，你已经知道自己将会错过什么了。这让你更容易继续前行，选择对自己最有意义的事，即便错过了别的也无所谓。你可以松一口气了。你不再纠结了，不是吗？

然而，就在你认为自己已经战胜它的时候，错失恐惧心理会在人生的后半程卷土重来。中年危机的风险确实是存在的。在低头多年之后，你终于抬起了头，这时你才意识到，人生已经过去大半了。你往往不能免俗，会迫不及待地去买紧巴巴的牛仔裤和花里胡哨的跑车，这就足以说明这一切了。退休以后，你拥有了更多空闲时间，也更加清楚，自己终将一死，不可能无止境地去做所有自己想做的事。从今往后，你能选择的事物只会越来越少。你如果梦想去印度旅行一次，或者带孙子孙女去迪士尼乐园，那么最好趁现在身体健康赶快去。你知道在未来的某一时刻，你会再次发现自己不得不遵守别人制定的规则，就像小时候一样。这并不能给人带来快乐。总有人（比如已经长大的子女或照顾你饮食起居的人）将接管你的生活，到时你将不再控制一切。机不可失，时不再来。

## 你是一个错失恐惧症患者吗

现在，你既然已经了解了错失恐惧症的表现，那么就应该知道，除非你住在一个偏远的洞穴里，否则你基本上不可能避开那些在网络世界和现实世界中触发它的种种因素。你唯一的选择就是学会管理它。

启动这个过程的方法是，诚实地面对错失恐惧症，了解它是如何改变你的行为、为你做出决定的。你可以进行一项诊断性测试，以便了解你的现状。这项测试是由一个心理学团队开发设计的，发表在 2013 年的学术期刊《计算机与人类行为》（*Computers in Human Behavior*）上。测试中的一系列描述，曾经只是在学术界被频繁地引用，如今已走进网络文化中，被人们在网上大量分享。具有讽刺意味的是，我怀疑，它能这样广泛传播，也应该归功于错失恐惧症。假如你发现你的朋友参加了这个测试，你也许不想错过做同样事情的机会。

回答下面的问题时，你会注意到，有一点很有意思：只有一个问题明确提到了互联网。这些问题涉及的是一些人类普遍的行为。在数字时代，人类很容易屈服于这些潜在的焦虑，毕竟诱惑太大了。你只要拿起手机，就已经在不知不觉中打开了大门，激活了它们，甚至赋予它们新的能量。

回答下面的 10 个问题，按照 1 分（一点儿都不符合我）到 5 分（非常符合我）的标准给自己打分。

### 关于自我评价的 10 个问题

1. 我担心别人拥有更多有意义的经历。

2. 我担心朋友们拥有更多有意义的经历。

3. 当我发现朋友们在我不在场时也玩得很开心时，我会感到不爽。

4. 当我不知道朋友们在忙什么的时候，我会感到焦虑。

5. 理解朋友们在小圈子里讲的笑话很重要。

6. 有时候，我在想我是不是花太多时间去关注那些新鲜事了。

7. 当我错过了和朋友们见面的机会时，我会感到烦恼。

8. 当我度过一段美好时光时，我认为在互联网上分享玩乐的细节（例如，更新状态）很重要。

9. 当我错过了一个事先约好的聚会时，我会感到烦恼。

10. 当我去度假时，我会继续密切关注我的朋友们，了解他们在做什么。[11]

现在请你算出你的答案的平均分。

好，现在结果出来了，它告诉了你什么？在得出确凿的结论前，你要记住，要客观地看待事物。即使你的平均得分高达 5 分，你也不要担心。因为这只是一种参考，并不是由有执照的治疗师对你做出的正式评估。与其把你的分数当作最终裁决结果，不如把它当作一种摸清情况的方法。在明确了这一点之后，你就可以分析你的分数了。

设计这个测试的研究人员调查了 2000 名年龄在 22 ～ 65 岁的

受试者，发现他们的平均得分为 2 分上下。[12] 因此，如果你的平均分低于 3 分，你就基本处于平均水平。一旦超过了 3 分，你就加入了错失恐惧症患者的行列。不过，即便如此，你也不用担心。你将在本书的最后两部分中学到如何改变这种情况。

你如果知道，你可以控制你所做的决定，并在此过程中消除错失恐惧症，就会备受鼓舞。但是，仅仅消除错失恐惧症，未必能解决你的所有问题。毕竟，错失恐惧症并不是唯一的恐惧症，还有另外一种恐惧症——更好选择恐惧症。更好选择恐惧症，或者说，害怕还有更好的选择，也会迫使你做出决定，或让你无从选择。无论是在生活中，还是在工作中，每天都是如此。与错失恐惧症不同的是，更好选择恐惧症基本上一直躲在幕后，等待恰当的时机出现，一战成名。这一点太令人惊讶了。我一直认为，更好选择恐惧症和错失恐惧症是同等重要的，甚至前者更加重要。我还认识到，它们其实是同一枚硬币的两面，必须一起处理，因为两者有许多共同的根源。你将在下一章中看到，虽然错失恐惧症的力量很强大，但你绝对需要了解另一种恐惧症。

# 第四章

# 更好选择恐惧症：你需要了解的另一种恐惧症

要求太高反而坏事。

——意大利谚语

你是否曾经花费大量的时间，纠结于两个近乎完美的选择，不知该选哪个才好？或者你想去抓住某个社交机会或求职机会，却在最后一刻放弃了？你发消息邀请某人参加一个活动，结果发现对方明明开始写回复了，却突然停下来，删掉刚刚输入的文字，然后就和你玩起了失踪？你知道他们在给你写回复，你也看到了“对方正在输入”的提示，但接下来就是长久的沉默。如果你有过这样的经历，那么更好选择恐惧症对你来说并不陌生。

错失恐惧症会让你想做所有的事，但更好选择恐惧症恰恰相反，它会导致优柔寡断。更好选择恐惧症的表现是，当你需要做出决定时，你总是想要选择最好的。在不断寻找完美选项的同时，你保留了所有的选项。这会让你对眼前的所有选项都失去兴趣，甚至无法做出任何选择。因此，你生活在一个模棱两可的世界里，而不是一个是非分明的世界里。这样的生活并不轻松。你把宝贵的时间和精力花在翻来覆去地考虑所有可能的选择上，而你早该做出决定并把精力放到其他事情上去了。你无止境地拖延问题，虽然这在当时会让你感觉很不错，甚至会让你觉得舒服极了，但这样做耗费的成本在飞快地累积。你这样做既耗时又费力，而且效率低下。如果任其发展，这种行为会对你的事业——更广泛地说，对你的人生——造成不可逆转的影响。

你的这种行为也会影响别人的人生。当你患上更好选择恐惧症时，你就成了身边所有人的负担，因为他们都在等着你去做点儿什么事——任何事都行，这样他们才能继续他们的一天。在你做出选择前，等待你做出决定的人将无法安排假期、商务旅行、会议、最后期限、谈判策略或婚礼。他们永远不会相信，你会全情投入任何事情。一旦有更好的事情出现，你就会改变主意，要么遗憾地表示放弃，要么以心不在焉、三心二意的方式对待承诺。在最极端的情况下，你会玩失踪，和别人失去联系。无论如何传达信息，你都既不会投入，又无法给出承诺。

因此，更好选择恐惧症比错失恐惧症的危害更大。错失恐惧症不会让你变成一个坏人，但更好选择恐惧症却会让你成为一个“垃圾”。更好选择恐惧症会让你说“或许吧”，而不是给出承诺；

到了最后该敲定计划的时候，它会让你变得沉默无语。错失恐惧症只会伤害患者本人，而更好选择恐惧症则会影响患者身边的每一个人。在这两种恐惧症中，更好选择恐惧症是一个更旷日持久的大麻烦。这是一种由富余带来的痛苦，通常会随着人的年龄的增长、地位的提高和财富的增加——这一切都会让你拥有更多的选择——而加剧。这时，它就不是放别人鸽子、不去喝咖啡或赴宴的问题了，它会渗透到你的人际关系和商业关系中的方方面面。你拥有的可能性越多，你的选择就越多，你也就越想保留选项值，尽管这样做是在浪费时间，是在伤害别人的感情。你也不太可能关心你的行为会对别人产生什么影响。毕竟，选择权在你手中。

## 你不知道你最大的问题是什么

当我向一个从未听说过更好选择恐惧症的人解释这个词时，对方的反应多半大同小异。他们会扬起眉毛，用手指指着自己的胸口，惊呼道："我就是这样的！"这句话很耳熟吧？虽然在你买这本书前，你可能从未听说过"更好选择恐惧症"，但你或你身边的人很可能早已深受其害了。如果没有一个词表达这种行为，就很难把它说明白。

一切将从现在开始改变。现在是点名批评更好选择恐惧症的时候，也是给它一个合适的定义的时候，因为我以前从来没有这样做过。当我在商学院第一次写到这个内容时，我就知道，我的同龄人除了是十足的错失恐惧症患者，也是十足的更好选择恐惧症患者。学校是一个选择丰富到令人难以置信的环境，大量的机会不仅推动了错失恐惧症文化，也让人难以从大堆选项中果断地做出决定。现在，我和我的大多数同学都工作了好多年，并且存了一些钱，所以我们只要摆脱过去的思路并专注于某一件事，就能做自己喜欢的事情。

由于缺乏合适的定义，“更好选择恐惧症”不仅缺乏一个名称，在某种程度上还是没有定型的，这种情况直到最近才得以改变。2018 年夏天，蒂姆 · 埃雷拉（Tim Herrera）在《纽约时报》的《智慧生活》专栏中给它下了一个定义，改变了这种情况。

> 更好选择恐惧症，指的是不断地研究所有可能的选项，担心自己会错过最好的选择，从而导致优柔寡断、后悔遗憾和幸福感降低等问题。[1]

虽然我赞同埃雷拉的观点，但我还想再往前走一步，给它下一个全面的定义，为下面的讨论打下更好的基础。

**更好选择恐惧症**

1. 一种由焦虑驱动的欲望，认为可能存在更有利的替代物或选择，进而不肯妥协、以待更好事物的行为；

2. 一种保留选项值的欲望，它会耽误或无限期推迟决策

> 的制定；
>
> 3. 一种会把你变成混蛋的行为。

正如你所看到的，更好选择恐惧症的关键特征是两种独特而强大的冲动：

第一，它基于这样一种信念，即至少有一个更好的选择在等着被你发现。你如果在等待更好的事物，就会一直寻找，直到找到它。在此期间，你会煞费苦心，避免做出任何决定。

第二，这是一种认为保留选项值与做出选择同等重要的心态。你相信，通过保留所有的选项，你可以根据自己的主张做出决策。

当你将这两种行为——等待更好的事物、保留选项值——结合在一起时，你会发现，你几乎不可能去做任何事情，至少无法在别人可以接受的时间范围内做任何事情。这种权利意识（整个世界必须按照你的时间表行事，满足你的需要）创造了一个有害的环境，有可能让所有那些被你的怪念头束缚的人疏远你。换句话说，这会让你变成一个混蛋。

## 决不妥协，以待更好的事物

当你患上更好选择恐惧症后，你就会坚信，一定还有更好的选择，即使它还没有出现。当然，如果你身处一个选择丰富的环境中，那么这种想法也是合情合理的。你如果能抵制诱惑、拒绝将就，就能取得最优的结果。认为更好事物一定会出现的坚定信念，可能看起来像是一种乐观主义，尽管这种乐观主义是信息不对称助燃的。悲观的人会认为，从现在开始，一切只会越来越糟糕。只有乐观主义者才会相信，未来会有更光明的日子、更美好的选择。虽然这种心态往往被认为是一种积极向上的生活态度，但当它迫使你开始无休止地寻找替代选项时，情况就不妙了。这实际上根源于风险规避。

虽然这种过度优化是有害的，但这并不是说你必须盲目地接受你得到的第一样东西。如果汤是凉的，酒店的客房漏风，或者公司开出的薪水很低，不要忍气吞声，默默忍受。如果有必要，你可以提出你的要求，争取更好的结果。这样做并不意味着你患上了更好选择恐惧症，而是意味着你明白时间和金钱的价值。但是，你如果一直抱着不合理的期望不断寻觅，并认为你一定会发现让你能轻易做出决定、没有任何负面影响、极具说服力的事物，就过分了。虽然这种想法似乎挺有道理，但你无法知道你做出的决定是否理想，无论是在当时，还是在事情过去很久以后。如果你缺乏完备的信息，这样的预测就有点儿主观。但你如果患上了更好选择恐惧症，就会反对上述观点。你最害怕的事情是，你会满足于仅次于最优的结果。这控制了你的思维。所以，你一边拖延时间，一边继续寻找。其实，在你这样做时，你就已经陷入优柔寡断的泥沼，无法自拔。

## 保留选项值

当你过于看重选项值时，你就患上了更好选择恐惧症。你的基本原则是，永远不要关上一扇门，或排除任何潜在的选择。无论是在制订周末计划，还是在寻找生活伴侣，或是在找工作，你都不愿从一堆选项中删除任何一个。并且你仍然在不断地往这一大堆选项中添加新的选项，你会对此感到欣慰。因为你知道，无论何时，你即便改变了主意，也不会关上任何一扇门。你的决策过程不单单专注于找到最好的选项，还专注于保持最大的灵活性。否则，你就有可能陷入比原本更糟糕的境地。你会后悔没有选另一条路，并因此陷入“当下的生活不是最优的选择”的痛苦中。

这让你感到恐惧。对此，你做出的反应是，保留所有的选项，不放弃任何一个，无休无止地拖延时间。从某种意义上说，你是一个囤积客。然而，你不是在囤积猫、鞋子或那些也许有一天你会看的《纽约客》过期杂志，而是在囤积各种可能性。这样，你就再也不用担心某天醒来后，你会后悔当初答应和谁一起去滑雪，或者投资了某个房地产项目。那些等你答复的人可能已经厌倦了迎合你、忍耐你。如果他们决定不理你了，那也是他们做出的选择，和你无关。你只要不主动拒绝，就不会留下任何遗憾。你仍然可以得到你想要的一切，仍然可以过上幸福的生活。在这种情况下，犹豫不决本身就是保护你不做错任何事的最后一道壁垒。

你如果相信自己随时可以做出决定，就一定会相信自己拥有筹码。你很容易坚信，你就是自己命运的主人。不幸的是，这是一种错觉。虽然有时你可能会侥幸逃脱更好选择恐惧症，但它最终会逮住你。你越是推迟你的决定，就越有可能面临一个风险：潜在的诸多选择，一个接一个地渐渐消失了。随着最后期限的临近，别人终会舍你而去，该干什么就干什么。你会很快失去控制，并不幸地发现，你已经不再是掌舵人了。你如果想避免灾难，就必须采取行动，而且得赶快。讽刺的是，在这个紧要关头，你的思维模式变了。你想的不是优化或期盼最好的选择，而是开始考虑如何减少风险，有什么你就要什么。你希望你还有选择，什么都行，只要最后不是两手空空就可以。

在下一章中，我们将探索到底是什么力量，如此充满诱惑，让人不可抗拒，不愿妥协，一心只想追求更好的事物。正如你将看到的，心理因素、科技因素和自恋因素等彼此结合，给更好选择恐惧症注入了氧气。这种混合物如此有效的一个原因是，从表面上看，它貌似没有多大危险。相反，希望自己拥有更多的选择、选择对自己最好的，似乎是合乎逻辑的。但正如你将看到的，这未必会给你带来多少自主权。对一个患上更好选择恐惧症的人来说，这更像是一座监狱。

## 第五章

# 一个得偿所愿之人的悲伤之事

你如果能学会不奢求那些你得不到的东西，就很容易得到你想要的一切。

——阿尔伯特 · 哈伯德（Elbert Hubbard）

小时候，在看什么电影这个问题上，我没怎么遭受更好选择恐惧症带来的痛苦。那时没有奈飞（Netflix）、亚马逊金牌服务（Amazon Prime）以及可以提供无限选择的其他服务，我只能将就着看 HBO 电视网的节目。去他的更好选择恐惧症！这就是我看了无数遍《查理和巧克力工厂》的原因。我虽然已经好几年没看过这部电影了，但仍然能凭记忆背出这部影片的最后三句台词。旺卡先生把他的巧克力工厂送给了年轻的查理 · 巴克特。当他们乘坐旺卡的多层观光电梯冲向云霄时，他们的对话如下：

旺卡先生：“别忘了那个突然得到了他想要的一切的人，他后来怎么样了。”

查理·巴克特：“他后来怎么样了？”

旺卡先生：“他从此过上了幸福的生活。”

撇开把复杂的工厂交给一个青少年这样明显的管理问题不谈，这个结局一直很打动我。从情感上说，这个结局就像旺卡工厂里的所有产品一样，黏糊糊、甜滋滋的。随着年龄的增长，我逐渐明白，从情感上说，那种“你可以得到你想要的一切”的想法，相当于旺卡生产的糖果——永恒存在的彩色大糖球。当然，它酷酷的，味道好极了，让你回味无穷，但它的营养价值有限，并且早晚会腐蚀你的牙齿。

这个“你可以得到你想要的一切”的神话建立在一个天大的假设上，假设你真的知道自己想要什么，并且有能力选择它。这是最困难的。即使你能像查理一样，得到你一直想要的东西，你会从此幸福地生活下去吗？谁说查理想要经营一家巧克力工厂呢？当旺卡把工厂的钥匙交给查理时，他并没有别的选择。他是如此贫穷，他的爷爷奶奶、外公外婆都在同一张床上度过了人生最后的日子。他如果不去争取那家工厂，就是疯了。

如果我们来想一下“假如事实并非如此，又会怎样”，就会给我们带来不少启发。假如在旺卡把工厂交给查理时，查理除了成为巧克力商业巨头，还拥有很多其他选择，那会如何？如果他在考虑去另一个城市上大学，去亚洲背包旅行，或者成为一支摇滚乐队的主音吉他手，他的反应会有什么变化呢？他从此还能过上幸福的生活吗？

如果他通过西尔维娅·普拉斯（Sylvia Plath）的眼睛看到了自己的未来，那么答案将是否定的。西尔维娅·普拉斯没有沉浸在一个充满无限可能的世界里，她只看到了危险——选择越多，危险就越大。在《钟形罩》的这段文字中，选择的激增使她陷入优柔寡断中，使她最终一无所有。

> 我看到我的生命在我面前分叉铺展，就像故事中的绿色无花果树。在每一条丫杈的末梢，美好的未来就像一个肥嘟嘟的紫色无花果，在向我招手，在对我眨眼……第一个无花果是丈夫、孩子和幸福的家庭，第二个无花果是著名诗人，第三个无花果是才华横溢的教授，第四个无花果是Ee-GEE——那个了不起的编辑，第五个无花果是欧洲、非洲和南美洲，第六个无花果是康斯坦丁、苏格拉底、阿提拉和其他一群名字古怪、职业离奇的情人，第七个无花果是奥运女冠军。除了这些无花果，还有更多我无法辨认的无花果。我看见自己坐在这棵无花果树的丫杈上，快要饿死了，因为我拿不定主意该选哪个无花果。每一个无花果我都想要，但选择一个就意味着失去其他的无花果。我坐在那里，拿不定主意，而无花果开始起皱变黑，一个接一个地掉落在我的脚边。[1]

普拉斯看到无花果树被腐烂的果实包围，这一荒凉景象所代表的东西，与旺卡先生逃避现实的行为截然相反。人生也许有许多不同的道路可走，对很多试图搞明白这一点的人来说，普拉斯描述的那一幕也许更契合他们。你即使很幸运，拥有很多很棒的机会，也得做选择。做选择带来的挑战之一就是你必须同时放弃那些你无法选择的东西。虽然我相信有人做到了，但大多数人都无法同时做到：拥有幸福的家庭生活，找一堆名字古怪的情人，环游世界，成为奥运冠军。为了选择一条你要走的路，你必须做出权衡，告别那些异国风情的、令人莫名兴奋的、迥然不同的冒险经历。你应该选择哪条道路呢？你怎么知道选哪条路才好呢？你如果不知道自己想要什么（大多数人都不知道），那么选择一个行动方案而忘记其余的，可能会令你畏缩不前。这样做似乎风险太大了。

想要打破僵局，有一点似乎不言而喻：你必须学会设立一些标准，这样你才能从可供你选择的各种选项中进行挑选。从直觉上来说，设立标准的目的似乎是显而易见的：你想选出最好的。至少，你想从你所能得到的各种选择中挑选最好的。对这一点并没有什么争议，是吗？你当然不会选择最糟糕的，那么你为什么要满足于平庸呢？

事实证明，这个问题的答案并不像看上去那么直截了当。与错失恐惧症一样，生理因素在诱发更好选择恐惧症方面也起着重要作用。人类天生渴望得到最好的东西，再加上自恋的心态和爆炸式的大量选择，那棵无花果树就出现在你的面前。这三大因素的综合作用会让你在行走人生之路的过程中不知所措。你即使面对每天都会遇到的小事，也会感到无从选择。

## 想要得到最好东西的生理根源

想要拥有多个选择或者寻求最佳选择，本身并没有错。如果那些志向远大的人不想充分发挥自己的才干，充分利用自己所生活的世界，那么人类将止步不前。它是必需的，也是人类普遍存在的一种心理。在史前时代，那些害怕被排除在群体外的狩猎采集者，出于本能，被迫最大化利用他们的资源。为了实现这一目标，他们流动性很强。一旦采集食物变得过于困难、耗时，他们就会卷铺盖走人，换别的地方另起炉灶。他们的行为体现出了“时间就是金钱”这一自然法则。

如果你是一个狩猎采集者，或是一只寻找花粉的蜜蜂，那么决定你是否应该前往其他地方以获得最大机会的标准非常简单。你既然知道为了生存和发展你需要什么，就可以客观地判断你目前所处的环境是否足以让你生存下去。如果你所处的环境不能让你生存下去，那么你就知道该怎么办了。你唯一的选择就是改革和创新：种植一些庄稼，稳定食物来源，这样你就无须四处游牧了。这就是你的选择，它可能决定你的生死存亡。

选择是生存下来的关键，也能让生活变得更美好、更有吸引力。假如你每天需要使用的东西只有一个选择，那会有多无聊。

有了更多的选择，你消费的东西就更符合你的实际需求，这样，你就能更好地利用你的时间和金钱。通过选择，你可以表达自己的思想，选择自我实现之路。然而，不断增加的大量选择，会让确定最佳选择变得更加困难、更加耗时。当你开始考虑如何选择时，问题就出现了。

在经典之作《选择的悖论》（*The Paradox of Choice*）中，心理学家巴里·施瓦茨（Barry Schwartz）指出，人拥有的选择越多，做出选择时压力就越大，难度就越高。关键的一点是，他研究了这种态势是如何影响那些完美主义者（那些只追求或只接受最佳选择的人）的。[2] 你如果是一个完美主义者，就会评估尽可能多的选择，以保证你能达成自己的目标。这样做，你会比其他人投入更多的时间和精力来研究各种不同的选择，然后选出最佳选项。这与易于满足者的行为形成了鲜明的对比。易于满足者会满足于足够好的东西，他们不会担心可能还有更好的东西。[3]

矛盾的是，就像施瓦茨说的那样，你如果是一个完美主义者，那么你即使已经做出更好的选择，最终还是会对自己的选择不满意。那是因为，作为一个非常挑剔的人，即一个患上更好选择恐惧症的人，你已经评估了这么多潜在的选择，你感到压力很大，而且你倾向于规避风险，免得日后后悔。想想这一点，你会觉得太讽刺了。你已经做了功课，做了一个更好的决定。和满大街的那些易于满足者相比，你选择了更好的房屋、配偶、汽车或酒店，但你无法充分享受自己的劳动果实。你即使像查理·巴克特一样得到了你想要的一切，也不会因此过上幸福的生活。

完美主义不仅与人的生理有关，它还有很强的文化基因。文化基因是由你的家庭教育、国籍和社会阶层决定的。比如，你如果是美国人，在中产阶级家庭中长大，很可能从小就受到熏陶，坚信自由和自主——表现为你能做任何你想做的事，这是《独立宣言》提到的生存权、自由权、追求幸福等基本权利的基石。你受到的教育告诉你，在美国，言论自由和选择自由是社会契约的一部分。正是这一点，让企业家勇于追逐疯狂的梦想，让孩子们相信他们长大后可以成为他们梦想成为的人，让艺术家们能摆脱约束，用他们的作品挑战现状。因此，选择的价值对你来说似乎是不言而喻的，就像对我一样。

但事实真的是这样吗？斯坦福大学的黑兹尔·罗斯·马库斯（Hazel Rose Markus）与施瓦茨合作研究发现，人们对选择的看法因文化和社会阶层的不同而不同。[4] 比如，北美国家看重个人主义，认为选择是一种重要的文化规范，而一些更重视集体主义的国家（如东亚和南亚国家），则更强调相互依存，更重视你的决定和行为会对他人产生什么影响。此外，美国的工薪阶层往往会告诉他们的孩子，整个世界并不是围着你转的，如果你想有所作为，就必须遵守规则和制度。因此，当布鲁克林褐砂石街区的那些富有的爸爸妈妈告诉小波比或小杰克世界属于他们的时候，皇后区或世界另一边孟加拉国的工薪阶层家庭却在向他们的后代传递着一种截然不同的信息。

你如果从小相信你可以改变自己的命运，相信你拥有自主权，相信拥有大量的选择等于自由，就可能会理所当然地认为你有选择的能力。但是，选择就像许多重要的资源一样，并不是均匀地分布在世界各地的。拥有大量选择还是没有什么选择，从根本上决定了决策过程。

## 选择的商品化

在人类历史的很长一段时间里，人们忙于筹集基本的生活保障物资，比如食物、衣服和住所，这些在马斯洛需求层次理论中都处于较低的层次。他们没有时间处理像更好选择恐惧症这样的高层次的问题。如今，人类面对的事情更加复杂了。能人需要做出若干重要的决定，而现代人，尤其是生活在小康社会中的人，需要对大大小小的事情进行更加复杂的筹划。你虽然和我一样，觉得巴里·施瓦茨的关于选择和满意度的著作令人信服，但你也许难以想象，《选择的悖论》出版于 2004 年，而我的朋友们和我第一次互相发起挑战，任由更好选择恐惧症干扰我们的生活，也是在 2004 年前后。回顾过去，我们的“奋斗”显得多么好笑。那时候还没有苹果手机、社交媒体、短信，或许还没有带来很多选择的亚马逊金牌服务。可以说，那是一个选择的石器时代。在过去的 15 年里，所有这些新技术和新服务都让人们比以往任何时候更容易成为一个完美主义者，并屈服于更好选择恐惧症的诱惑。

如今，你可能比一个世纪前最有钱有势的人都拥有更多的选择。你不需要特别富有或交游广阔，就能发现自己拥有丰富的选择——你想要购买的大多数商品，几乎都有大量的选择。选择已经成为一种商品，随着它走向大众市场，它对受益者会产生明显的影响。这些选择可能会让你应接不暇、无力招架。确切地说，你被大量的选择宠坏了。你如果无法管理这种状态，就会反反复复地陷入优柔寡断的陷阱。

正如你所知道的，你如果没有什么选择，就不会患上更好选择恐惧症。大量的选择（它们往往是由富余带来的）是导致这种疾病的一个基本因素。如果你不期望有更多的选择出现在你面前，那么问题还没出现就已经解决了。想象一下，假如你正在等待器官移植，而你很幸运地接到了电话通知：捐赠者已经找到了。这个时候，你不会问医生，下周是否会有更好的器官。你不会苦苦等待一个更年轻、更健康或滴酒不沾的捐赠者出现。相反，你会不停地感谢上帝的恩赐。因为这是你唯一的选择，也是其他人梦寐以求的，所以你会欣然接受你所得到的，并为此而深深感恩。

不妨将上述情形和星期六早上你在星巴克的一幕对比一下。首先，后者并不会决定一个人——哪怕是对咖啡因最上瘾的人——的生死存亡。其次，对一款只需花几美元、准备时间不到5分钟的商品来说，可供选择的品种多得惊人。所以星巴克最后变成了这样一个地方：有人悄然走到咖啡师面前，宣称今天他要喝超大杯精粹浓缩全糖低因脱脂豆奶肉桂冰拿铁。多亏了这样的订单，星巴克才能因提供超过 8 万种不同的饮品组合而深感自豪。

星巴克丰富的饮品选择并不是一种孤立的现象。它只是一个缩影，足以说明一个选择丰富的环境如何使一个决定变得不必要复杂——即便是一个无害的决定。由于制造业的进步、从实体商品向数字商品的转变以及全球化的迅速发展，商家能够提供的商品比过去丰富多了，并且这些商品通常是根据消费者的具体需求量身定制的。商家还可以为消费者提供一系列不同选择，而在 20 年前，这似乎是不可思议的。像飒拉（ZARA）、海恩斯莫里斯（H&M）这样的快速时尚零售商，现在只需短短 2 周时间，就能将一种理念从 T 台推广到他们的全球各家门店中。亚马逊网站可以为你提供超过当地超市一万倍的货品选择，并且它从来不关门。它会根据每个消费者的情况来调整定价，还能让你在沙发上舒舒服服地欣赏数百万种书籍、歌曲和电影。

这应该是件好事，对吧？如果有人把你想要的东西给你，你的更好选择恐惧症不就都解决了吗？选择和定制化服务的指数级增长，从表面上看像是一剂灵丹妙药，但实际上恰恰相反。你如果想让整个世界迎合你的需求和喜好，围着你转，就必须知道你想要什么、需要什么、喜欢什么，这样才能斩钉截铁地说“行”。

## 无人能逃避更好选择恐惧症

尽可能长时间地保留所有选择是患上更好选择恐惧症的前兆，

然而，当你的控制欲根植于赤裸裸的利己主义时，这种冲动就会增强。每个人都有这样的朋友、家人或同事，他永远不会承诺任何事。无论他买了什么，几周或几个月后，他都会改变主意去退货。当你在聚会上遇到他时，他总会越过你的肩头看向你的身后，希望能和其他人说上话。他从不接受酒店给他安排的第一个房间，也从不接受餐厅给他安排的第一张饭桌。他想多看几个房间，或者先观察一下整个餐厅，衡量一下各个位置的利弊。你如果要和他一起吃饭，那么一定要离他远点儿。他无法忍受只食用自己点的一样菜品，因此会不断地问坐在他身旁的人，是否可以尝尝对方点的食物。

有些更好选择恐惧症患者并不认为这样的行为有什么问题。“你什么意思啊？”他震惊地抗议道，“我为什么要退而求其次呢？”的确，凡事有自己的一套标准并没有什么错，但是设定基本标准和过度思考、反复纠结不是一回事。后者会让你失去判断，将日常决策复杂化，把生活变得不必要的复杂。当你把生活当作一次次移动球门柱式的谈判时，别人基本上没法儿和你谈拢。你如果没有固定的立场，那么终将给周围的每个人都带来不便，你们之间的互动也会变得越来越像是一种交易。鱼与熊掌不可兼得，但你两者都想要，永远不愿意做出取舍。相反，你却期望他人做出让步。

在追求完美的过程中，你有一大性格缺陷——自恋，这会让你举步维艰。2017 年 6 月，《纽约时报》专栏作家戴维·布鲁克斯

（David Brooks）在《爽约的黄金时代》的专栏文章中，描述了更好选择恐惧症是如何渗透到人际关系中的。这至少吸引了美国全民的注意力好几个小时。在错失恐惧症肆虐的年代，这相当了不起。

> 显然，我们生活在一个爽约的黄金时代。整个美国的人都会在星期一做出决定，要在星期四和X一起去喝一杯。但当星期四真正到来的时候，他们会觉得回家躺在床上看《拼车卡拉秀》会更美妙。所以，他们会发短信或电子邮件爽约："非常抱歉！今晚我不能来喝酒了。我不知该怎么办，我的祖母刚刚得了黑死病……"[5]

如何判断你的行为是不是自恋驱动的呢？当你放前同事鸽子时，你是为了他好吗？难道你想的是"我只是想让他休息一晚，让他在奈飞上看一晚上电视剧比和我见个面强多了"？这怎么可能？患有更好选择恐惧症的人不会放过各种各样的社交和职业机会，但他们始终都不确定去不去参加，一直等到他们在约好的时间走进房间的那一刻，才算确定了。在此之前，无论是一天前还是一小时前，他们都给自己保留着爽约的权利。他们会发一条短信或一封电子邮件，给自己找一个真实的或想象出来的借口，然后选择他们在那一刻拥有的最佳选项。他们自恋的本质是一种算计：他们的时间比你的更宝贵。

在这个打破承诺、玩失踪的循环中，科技发挥了明显的作用。

在过去，比如 15 年前，如果你想取消和某人的约会或改变原定的计划，你必须给对方打电话，说明情况。你也不可能在半夜突然收到一条短信，让你决定爽约去做别的事情。现在，你可以利用多种低摩擦的方法取消原计划，哪怕你已经参与其中了。另外，你可以躲在科技的后面，科技会让这样的体验相对无痛。你可能会感到些许难过，但除了来回几次通过电子产品进行的交流，你不必应对其他结果。

当“保留选择”这一强迫性欲望成为你行为方式的关键特征时，自恋和更好选择恐惧症就产生了交集。每个人都会时不时地改变计划，或者以这样或那样的方式把自己的计划强加于人。但是，你如果在回复简单的问题前，要牵扯上一大堆人，或是经常让你的助手加班，为你编排 50 份不同安排的差旅日程表，抑或让你的分析师每个周末都去工作，没完没了并且可能毫无意义地修改融资演讲稿，那么你可能患上了更好选择恐惧症，你周围的每个人都在为此付出代价。并不是只有华尔街董事会会议室的高层管理人员才会出现这种行为，各种公司的各个级别的员工都会出现这样的行为，无论他们是在德国的小企业、内罗毕的科技初创企业工作，还是在迈阿密公司的销售部门工作。它无处不在。

## 贯穿一生的更好选择恐惧心理

对很多人来说，一定程度的更好选择恐惧症是不可避免的。

无论你住在哪里，无论你做什么，到了某一时刻，你的生活都会变得复杂起来。随着你从幼年步入成年，你必须学会做出决定。你必须做出决定的次数会随着逐渐长大而不断增加，令你畏惧。能做更多决定，明显对你有积极影响。你可以自行决定你在哪儿生活，以什么为生，什么时候睡觉，晚餐时喝什么（是红葡萄酒、玫瑰红葡萄酒，还是白葡萄酒）。虽然和以前相比，你现在有了更多的自主权，但也不全是美酒鲜花。你必须做出无聊的、困难的或者无趣的选择。那时你才意识到，还是小时候过得惬意。你宁愿花几分钟时间挑选一样玩具，也不愿花费半个周末的时间去评估那些无聊的保险方案。

在儿童期，你生活在一个高度受控的环境中，无法做出太多的选择，因此很难患上更好选择恐惧症。即使你特别挑食，你的父母也只能满足你这么多，最后他们会放弃，让你挨饿，直到你收了自己的臭脾气。如果你告诉他们你不想吃鱼条，他们不会递给你 iPad，让你随心所欲地自选餐厅，自己点餐。他们会让你拿着鱼条干坐着，直到你咽下去；或者，他们如果特别宽宏大量，会给你吃炸鸡柳。他们控制着局面。

随着进入青春期，你的生活开始迅速改变。你获得了一点点独立的自由，经验也日趋增长。你开始形成自己的好恶，这会引发一系列你不熟悉的情绪和可能性。成年时期的你是否容易患更好选择恐惧症，与你的人生是否拥有丰富的选择直接相关。你如果高中毕业后接管了家族企业，或者在你家乡的两大公司中的一家就职，那么至少在择业方面，你不容易患上更好选择恐惧症。你正在踏上一条非常清晰的道路，一条你熟悉的道路，因为你周围的许多人都选择了类似的道路。另一方面，如果你去了一个新的城市上大学，参加了多家公司的面试，并且身边聚集着一群行为与你类似的人，那么你的选择会带来不可预测的结果。在这样一个选择丰富的环境中，你患上更好选择恐惧症的风险将高得吓人。

从那以后，你取得的成功、积累的财富越多，更好选择恐惧症就越有可能渗入你的人生，并影响你的生活方式。你即使越来越忙，花在重要决定上的时间越来越少，也会有足够的资源供你考虑更多的潜在选择。你也会开始重视你的时间。你如果一切顺利，那么对个人价值的评估会比 10 年或 20 年前要高得多。这时候，规避风险和自恋的心理在驱动行为方面会扮演更重要的角色。你害怕做出错误的选择，害怕把宝贵的时间和精力浪费在那些不会给你带来快乐的事情上。你对自己说，毕竟这是你应得的。你努力工作，忙忙碌碌，你的时间是宝贵的。你的愿望和需求，以及你的亲朋好友的愿望和需求，是你唯一关心的事情，即使你的行为和态度会给那些受你决定（或缺乏决定）影响的其他人造成间接伤害。

如果你继续走在这样的道路上，拥有丰富的选择，你的更好选择恐惧症就一直不会减轻，直到你来到一个节点——步入中老年的时候。到那时，你对世界的看法开始改变，更好选择恐惧症对你控制的力度才开始减弱。你已经积累了很多人生经验，消除了信息不对称（这种不对称给你的很多决定蒙上一层阴影）。最重要的是，你知道时间是最宝贵的。你在痛苦折磨中多度过一刻，就意味着你享受劳动果实的时间少了一刻。根据你一生积累的智慧，你会意识到最好的选择就是，确保你不会因为更好选择恐惧症而多浪费时间。

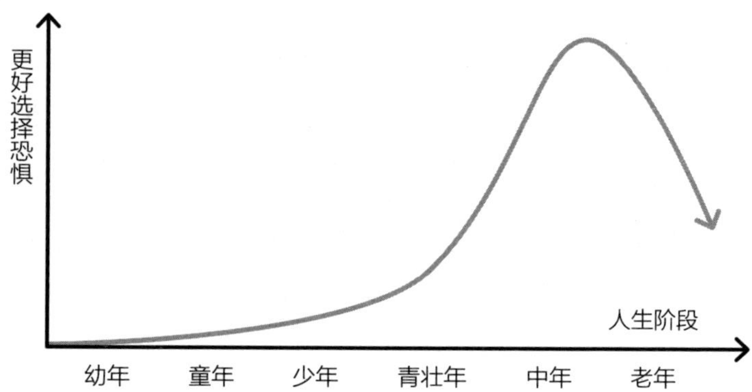


**更好选择恐惧心理在人的一生中的变化趋势**

上图所示的更好选择恐惧心理在人的一生中的起落变化趋势，在那些一直生活在拥有丰富选择的环境中的人身上表现得比较典型。当然，没有哪两个人的人生轨迹是一模一样的。有两点需要记住：首先，更好选择恐惧症的起起伏伏，尤其是人生中遇到的各种意外，将决定你的人生会出现类似的曲线，还是会形成与之截然不同的曲线。你可能会失业、离异或遇到一些意想不到的灾难，你的人生突然变得面目全非了，你不再生活在一个选择丰富的环境中，至少在涉及人生重大事项时，你不会有太多的选择。其次，“拥有丰富选择”并不意味着选项最多的人会比那些选项较少的人更富有或更幸福。没有理由认为，那些每年登上达沃斯《财富》500 强的首席执行官，会比从未离开过自己村庄的人更有成就感。事实也许恰恰相反。

## 你是更好选择恐惧症患者吗

你是不是出了名的犹豫不决、难以做决定？你是否经常重新安排或取消几天前或几周前做的计划？你是否常常花时间思考那些对你的生活没什么影响的事情？你如果对其中一个以上问题的回答是“是”，就患上了更好选择恐惧症。为了确定这一点，你必须更深入地思考：你是如何做决定的？你做事的方式方法（或毫无方式方法可言）对你自己和周围的人产生了什么样的影响？以下诊断性测试问题都突出了慢性更好选择恐惧症患者的行为和态度。

为了确定你是否患上了更好选择恐惧症，你需要收集两组不同问题的答案。首先，和判断自己是不是错失恐惧症患者一样，你需要完成一份自我测试。接下来，你需要向你的核心圈子里的人提问，获得第二组问题的答案。更好选择恐惧症的一个特征是，它会直接影响你身边的人。你的家人和朋友既了解你，又愿意说实话，他们会诚实而准确地回答这些问题。如果你在欺骗自己，或者没有意识到你的行为影响了他人，这个测试将给你敲响警钟，帮助你了解自己的状态。

回答下列问题，并给自己打分。1分为完全不符合，5分为非常符合。

### 自我测试的问题

1. 我花费太多的时间或精力去做相对不重要的决定（那些事情我一周后就不记得了）。

2. 如果没有大量选项供我权衡，我就没办法做出正确的决定。我即使手头有可以接受的选项，也会在做出决定前继续寻找其他选项。

3. 我经常会制订多个计划，直到最后一分钟才从中选择一个（或者一个也不选）。

4. 我经常拒绝别人给我的第一选择（比如餐厅的餐桌、酒店的房间，或者某一商品的报价），并试着通过谈判或讨价还价得到更好的东西。

5. 我买了东西后，经常过一段时间就退货。

6. 我认为取消原定计划，甚至在最后一分钟取消，是我繁忙生活中不可避免的副产品。

7. 由于我无法执行既定计划或遵守约定，我已经破坏了我的人际关系。

### 要问别人的问题

8. 我是否难以做出决定或执行计划、遵守约定?

9. 你是否觉得我是个怪人或者不可靠的人?

10. 你会因为我无法做出承诺而避免和我一起制订计划或做出约定吗?

算出这 10 个问题的平均得分。如果你的平均分超过了 3 分，那么你就可以把自己归入更好选择恐惧症患者的行列了。如果你的平均分高于 4 分，那么鉴于你有那么多其他选择，我很惊讶你居然还在阅读这本书。说正经的，这份测试题中列出的内容，当然不是详尽无遗的。说不定你就认识受到更好选择恐惧症束缚的人（按照你的分数，也许你就是这个人）。为什么一些表现得很自私的人，也可能过着受束缚的生活呢？原因是，除了让别人付出代价、做出牺牲，那些人也要为那些看似给他们带来自由的行为付出沉重代价。他们把选项值放在了首位，却没有意识到，自己无法通过做出决定卸下决策过程的重负，所以仍然被困在介于模糊和确定之间的严酷荒凉的不毛之地。在偶尔的清醒时刻，你意识到，你已经陷入了一个可怕的窘境——在你做出决定前，你无法得到真正的快乐，或者至少无法继续前进。但你无法做出决定，你被困在了炼狱里。

# | 第二部分 |

# 恐惧的隐形代价

成功人士和非常成功的人的区别在于：非常成功的人几乎对所有的事都说“不”。

——沃伦·巴菲特（Warren Buffett）

# 第六章

# 错失恐惧症：数十亿美元的商机

只有当潮水退去时，你才知道谁在裸泳。

——沃伦·巴菲特

2018 年，美国国家公共电台（NPR）《市场》（*Marketplace*）发表了一篇题为《错失恐惧症在中国意味着 70 亿美元的商机》（*FOMO in China is a $ 7 billion industry*）的报道。[1] 这篇报道的主角是一位名叫陈军的年轻父亲，他和妻子、女儿、父母以及弟弟一家住在上海的一间小公寓里。虽然他有一份稳定的工作，但他缺乏耐心，正在想方设法地改善家庭生活条件。有一天，他偶然发现了一个名为《财富自由之路》的专栏，于是一切都变了。他只需每年支付 29 美元，就可以直接向中国最富有的比特币大亨李笑来学习如何进行虚拟货币交易。受此鼓舞，他辞掉了工作，全职从事虚拟货币交易。这会有什么问题呢？其他人都在买卖比特币赚大钱，他为什么不呢？

事实证明，陈军并不是唯一这样想的人。中国的知识付费经济是由那些迫切希望提高自己的能力，借此在竞争激烈的劳动力市场中保持竞争力的消费者推动的。他们害怕落后于人，这点极易察觉。[2]对陈军来说，购买课程缓解了他内心的恐惧，他认为，这为他开启了一扇通往新职业的大门。然而，他并没有就此止步。他成了知识付费产品的狂热消费者，甚至还订阅了一个名为《如何让你的声音更有吸引力》的专栏。

陈军的故事之所以让我印象特别深刻，不是因为他对冒险如此渴望，也不是因为他对专栏如此着迷。相反，令我震惊的是，陈军同时患上了好几种不同类型的错失恐惧症。错失恐惧症不仅说服他花了一大笔钱去进行“自我提升”，还致使他把一家人未来的生计全部押在对比特币的投机性投资上。这一切都源于他从专栏中了解到的快速致富计划。更糟糕的是，截至 2018 年 9 月《市场》的那篇报道刊登之日，比特币已经从近 2 万美元的高位价格下跌了近 70%。

我不知道陈军现在怎么样了，我很担心他的遭遇、他的虚拟货币投资以及他那个庞大的家庭。尽管比特币在那篇报道发布时差不多崩盘了，但在接下来的 3 个月里，它又下跌了 50%。尽管目前它已经有所回升，甚至有可能在未来的某天再次升到 2 万美元的高位，但投资任何一种投机性资产都可能让小投资者（尤其是经验有限的投资者）遭受灭顶之灾。当你不知道自己在做什么的时候，没有一家专栏可以保护你，让你不蒙受巨额经济损失。具有讽刺意味的是，就在事件报道两周后，陈军的精神支柱李笑来通过微博宣布，他将不再投资区块链——支撑虚拟货币的基础技术。[3]他认为是时候改行了。我真诚地希望陈军也能这样做。

## 错失恐惧症如何驱动商业

当错失恐惧症出现在商业领域时，它被用来实现一个单一的目标：在没有外部刺激的情况下，诱使你去做你不会去做或会延迟做的事情。错失恐惧症在全球造就的市场价值也许会轻而易举地达到数千亿美元。仅仅是错失恐惧症引发的比特币价值飙升，就在 2017 年突破了 2000 亿美元。[4]

为了理解错失恐惧症如何影响商业，我们有必要再次强调一下两大要素，这两大要素就是第二章中所说的认知和被接纳。这两大要素分别是推动市场和商业的两种错失恐惧症（雄心型错失恐惧症和从众型错失恐惧症）的力量。

### 1. 认知在雄心型错失恐惧症中扮演的角色

当你信任自己的认知时，你的行为就基于这样一种信念：你的决定会让你的人生比现在更美好。鉴于这种恐惧症源自提高自身地位的渴望，我们可以把它称为“雄心型错失恐惧症”。当然，你在一定程度上会暂停逻辑判断，信息不对称会影响你的判断，你无法知道现实是否会达到预期。

### 2. 被接纳在从众型错失恐惧症中扮演的角色

寻求被接纳是一种确保自己不会被别人落下的本能欲望。你的大脑会提醒你，情感上遭到排斥会引起和身体疼痛同样的神经反应，所以你最好不要让这种情况发生。为了向强大的角马表示敬意——它们会本能地跟着大部队，我们把它称为“从众型错失恐惧症”。

## 雄心型错失恐惧症

从塞雷娜·威廉姆斯（Serena Williams）到杰克·保罗（Jake Paul），从赫达·卡坦（Huda Kattan）到卡梅伦·达拉斯（Cameron Dallas），网络红人通过向粉丝推销产品，每年给自己带来数十亿美元的商机。从本质上讲，他们是在利用自己的声名所产生的社会认同，向人们兜售一种梦想、一种雄心壮志，其看起来盛大、美好和光明，远非现实世界的沉闷单调所能比拟。所谓追求社会认同，指的是人们在做出关于自己人生的决定时，会向社会上有影响力的人看齐，这是给雄心型错失恐惧症提供动力的引擎，也是网络红人代言存在的根本原因。《广告周刊》（*AdWeek*）预测，到 2020 年，网络红人营销将达到 100 亿美元的市场规模，这并非巧合。[5]

虽然社会认同驱动的商业是大买卖，但通过向粉丝出售或推广产品来赚钱并不是什么新鲜事。多年来，那些名人一直在兜售你并不需要的东西，只要问问乔治·福尔曼（George Foreman）就知道了。社交媒体兴起后，发生改变的并不是网络红人的出现，而是我们追随他们的方式。乔治·福尔曼就曾在几部电视购物广告片中露面，但那只是销售过程的延续。由于社交媒体的出现，网络红人现在可以直接进入我们的手机和精神世界。他们可以通过社交媒体公开他们的私密照，上传他们在家中或在度假的照片或视频，让我们了解他们的家庭，他们害怕什么、喜欢什么。他们是时下网络文化潮流的引领者。这种文化在追求大众肯定的过程中，越来越暴露出寻求关注所带来的种种弊端。推特系统崩溃（麦莉·赛勒斯，超过 4000 万粉丝）、照片墙纷争（贾斯汀·比伯和赛琳娜·戈麦斯，超过 2.5 亿粉丝）或为了报复不明智地发布一系列色情内容（罗伯·卡戴珊，至少目前她的账号被照片墙封了）……这些事件暴露出他们的阴暗面。

与把经过精心修饰的照片印在时尚杂志的封面上相比，这种寻求关注的方式不管多么矫揉造作，都能让这些人看起来更真实，更有人情味。网络红人让我们相信他们非常真实，这样他们就能更有效地推广产品、活动或促进其他商业风险投资。他们如果很会搞这一套，就能激起你的错失恐惧症，而你压根儿没意识到自己的生活被他们操纵了。你既然关心这些人，关心他们的起起落落，关心他们的孩子，关心他们之间的小打小闹，关心他们的康复之旅，关心他们的狗，就会对他们有所付出。这让他们有机可乘，让他们能成功地向你推销他们的商品。

然而，别忘了，他们并没有对你付出过什么。想想克里斯蒂亚诺·罗纳尔多（Cristiano Ronaldo）、赛琳娜·戈麦斯、爱莉安娜·格兰德（Ariana Grande），他们都是2018年最受追捧的名人。关注他们照片墙的粉丝总数已超过3.5亿，但他们总共关注的人还不到1500人。你可能会关注他们，但他们绝对不会关注你。这种关系基本上是一头热。这就是社交媒体的奇怪之处：你主动去关注别人，去阅读一大堆人——从名人到你的邻居——发布的内容。结果，那些你很熟悉的人、你生命中很重要的人发布的内容，和那些根本不知道你存在的人发布的内容，都被列在了一起。

从这个角度看，网络红人和粉丝之间的关系比表面上复杂得多。在新生婴儿照片和你表弟婚礼的照片中，夹杂着你的网络红人"朋友"们发布的植入广告。由于信息不对称，你并不知道那些网络红人是否真的相信他们推销的产品，也许他们只想靠推销来赚点儿钱。你的钱财可能因此受损，他们很有可能在利用你，尽管他们永远不会当面对你这么说。网红经济丑陋的一面被很好地遮掩了起来。然而，真相有时会浮出水面。在奈飞以弗莱豪华音乐节为题材制作的纪录片《弗莱音乐节》中，镜头捕捉到了推动见利忘义的网红营销的残酷现实：麦克法兰坐在巴哈马群岛的海滩上，旁边是杰·鲁和数名弗莱开场秀的超级名模。他说，他们"在向你们这些普普通通的失败者，你们这些美国中部的普通人兜售白日梦"。

## 从众型错失恐惧症

零售商和市场营销人员设计的营销活动，旨在诱发你的错失恐惧症，这样你就会心甘情愿地花钱去买他们兜售的商品、服务和体验。从“黑色星期五”汹涌的人潮，到苹果专卖店外那些一心盼着能抢购到最新产品的顾客排起的长队，购买过程一直以来都是某些产品整体体验中不可或缺的一环。就像角马一样，参与的冲动是由一种基本需求驱动的。对角马来说，这是生存的需求；对错失恐惧症患者来说，这是被接纳的需求。共同参与（期盼、计划、经历）比你自己更重要以及能在数周甚至数年后津津乐道的大事件的过程，成为产品的另一大核心福利。从这点来说，这是一种自我表达，是在告诉整个世界你是什么人，你是如何融入这个世界的。这也是对每个碰巧路过的人的一种视觉上的提示，提示他们应该参与进来。

这就是多米尼克·安塞尔（Dominique Ansel）厨师每天早上都要指导他的手下烘焙不到 400 个可颂甜甜圈（甜甜圈和可颂面包的混搭），然后在他位于曼哈顿苏豪区的面包房里售卖的原因。如果你想买一个他的可颂甜甜圈，就必须赶在早上 8 点面包房开门前去排队。虽然安塞尔可以做出更多甜甜圈，或者提高甜甜圈的价格，以平衡人们的需求，但他知道，让人们对他注册的商标“Cronut”（可颂甜甜圈）这个词保持狂热，比让每日销售额实现最大化更有价值。首先，每日有限的供应创造了稀缺价值。其次，面包房外

“兽群”的两个自然栖息地：非洲大陆和苹果专卖店

排起的长队证明，他的面包确实值得人们排队等待。与名人或网络红人带来的社会认同不同，这种社会认同来自群体的力量，即所有正在排队的古怪的纽约人和兴奋的游客的力量。如果掌控得好，二者结合起来，就能成为让可颂甜甜圈超具魅力的秘诀。

对安塞尔和他的面包房来说，错失恐惧症是宝贵的公关资源，能产生一种金钱买不到的效应，铺天盖地的脸书帖子、推文和照片墙图片就是其表现。这也充分暴露出人们的从众心理。2016 年的一天早上，面包房被可颂甜甜圈的拥趸挤得水泄不通，队伍一路延伸，而旁边就倒着一个几小时前死在长椅上的男人。为完美的自拍或帖子自我陶醉是一回事，但深陷于盲从中、完全无视现实世界中需要你帮助的人，就是另一回事了。

安塞尔运用的这种精妙的策略，一直都是商家打造品牌、销售商品的强大刺激因素。在过去 10 年里，网络营销人员已经想出了办法，将这种综合了从众型错失恐惧症、社会认同、稀缺性价值的混合燃料运用到了数字世界中。数字营销人员使用各种各样的方式吸引你的注意力，并试图让你以为你需要拥有他们的产品。你一旦意识到他们要的那套把戏，就会觉得这像是看《黑客帝国》一样。你再也不会像从前那样浏览网页了。

举个例子，你决定去美国的拉斯维加斯度假。拉斯维加斯是一个非常擅长利用错失恐惧症搞推销的城市。你打开美国航空公司的网站，点击了几下鼠标，就看到一连串的航班信息。你浏览屏幕时才注意到，自己首选的航班只剩最后 3 个座位了。你明白，机不可失，时不再来，于是锁定了座位。下一页弹出了限时申请信用卡优惠活动，可以送 250 美元现金，还有不少赠送的里程。你跳过了信用卡优惠页面，但在下一页（多么令人惊讶！）你又多了一次限时申请那张信用卡的机会。你退出页面，却发现座位已所剩无几。如果你不想被困在靠近卫生间的中间一排，你最好抓住这个机会。于是，你点击鼠标，准备支付 45 美元，然后又是一次“惊喜”！你获得了第三次限时优惠注册信用卡的机会。最后，你被告知，在过去的 7 天中，超过 93000 名和你一样的旅客购买了旅行保险。你被怂恿着购买旅行保险。我算了一下，你至少得经历 6 次涉及社会认同和稀缺性价值的小插曲，才能买到那个座位。

在数字世界和现实世界中，无论是你的雄心型错失恐惧症，还是你的从众型错失恐惧症，都被形形色色的营销人员利用了，成了他们争夺眼球和销量的工具，这是不可否认的。你如果继续关注本书，将学到如何夺回控制权，做出符合实际需要的决定，而不是受到别人的影响并做出你以为正确的决定。重新夺回控制权，不仅对做出真正符合你喜好的选择至关重要，而且对确保你在做决定时不会失去判断力同样重要。这不仅能帮你避免吞下太多的可颂甜甜圈，还能帮你避免把钱拿去冒险，或是进行投机性投资。

## 错失恐惧和硅谷的贪婪

资产泡沫的出现和破灭往往如出一辙。在价格上涨到超出合理范围前，那些真正的拥趸和聪明的投资者会蜂拥而入，开始抬高投资对象的价格及其公共形象。突然之间，赚钱似乎变容易了。于是你开始想，如果不赶快行动，自己就会错过快速致富的大好机会。随着价格继续上升并变得非理性，那些泡沫能够继续维持的唯一方式，就是吸引那些无视现实的投资者，让他们盲目投资。雄心型错失恐惧症和贪婪的本性，战胜了这些新涌入的投资者的严谨和理性。他们在感恩节聚餐时从侄子那里听说了比特币，就赶紧去购买比特币；在最爱看的新闻频道里看到商业广告后，就赶紧去购买黄金；或者，他们会和陈军一样，仅仅因为一个专栏，就一头钻进投机市场。小心，那群无脑的盲从之众已经到来。

一旦从众型错失恐惧症患者大肆涌入市场，聪明的投资者，也就是有经验的专业投资者，就会听从传统智慧，开始套现。他们一边往山上跑，一边往自己口袋里塞满现金，把市场留给盲从的众人。最后，当泡沫破裂时，头脑冷静的人获胜了，市场就会回归现实。那些成为错失恐惧症受害者的投资者（那些买晚了并且只想投机的投资者），只能自己收拾残局。从 1929 年股市崩盘到 20 世纪 90 年代的豆豆娃热潮，历史上出现过无数次类似的泡沫，如果错失恐惧症受害者研究过这些泡沫，就会发现自己被耍了。他们只需要花几分钟在谷歌上搜索一下错失恐惧症和比特币就行了。如果你搜索一下，就会搜到 90 多万条结果。

在硅谷稀薄的空气中，聪明投资者的传统智慧未必一定灵验。事实上，聪明的投资者最后可能会显得相当愚蠢。以现已倒闭的硅谷宠儿塞拉诺斯（Theranos）公司为例，该公司曾经声称，只要一滴血，他们就能检测出成百上千种疾病。与比特币不同的是，这场灾难的泡沫是由一群本应更了解情况的精明投资者吹起来的。这家公司从媒体大亨鲁伯特·默多克、德沃斯家族（安利公司的所有者）以及沃尔顿家族（沃尔玛公司的所有者）等著名投资人那儿筹集了高达 7 亿美元的巨额资金。在这个过程中，他们把公司的估值抬高到了 90 亿美元。可以肯定地说，这些投资者中没有人能说这是他们第一次小试牛刀，但这并没有什么不同。当该公司的创始人伊丽莎白·霍尔姆斯（Elizabeth Holmes）和她的合伙人拉梅什·桑尼·巴尔瓦尼（Ramesh Sunny Balwani）被美国证券交易委员会指控犯有巨额欺诈罪时，所有人都出局了。

霍尔姆斯是如何演绎出这样一个惊天动地的“一夜暴富又一夜返贫”故事的呢？她用的伎俩，和弗莱豪华音乐节以及多米尼克·安塞尔的手段没什么两样。这种手段屡试不爽。她先是利用社会认同营造出其公司必然成功的声势，来刺激人们的雄心型错失恐惧症。当她的创意还只是一组融资 PPT（电脑演示文稿）时，她从她的前邻居蒂姆·德雷珀（Tim Draper）那里获得了一笔早期投资款，而蒂姆·德雷珀恰好是硅谷顶尖人物之一。随着公司的发展，她邀请美国前内阁秘书长和参议员加入塞拉诺斯公司董事会，强化了社会认同效应。在考虑投资或与该公司建立战略性合作伙伴关系的局外人中，有许多聪明人显然以为他们会赚得盆满钵满。

这时，从众型错失恐惧症就进场了。有钱有势的人开口了。这些有钱有势的大人物也许并没有多少专业知识，但他们推波助澜，把其他有权有势的人拉了进来，有的成了投资者，有的成了“传道者”。在成功地让大伙围着她转个不停之后，霍尔姆斯利用稀缺性效应，让潜在的投资者在了解信息极少的情况下把钱转给了她。她还小心地避开了那些具有专业知识的老练投资者，比如受尊敬的风险投资公司。这些公司的合伙人都是业界专家，在没有进行全面的尽职调查前，他们是不会投资的。你如果问了太多关于公司特有的高端技术的问题，就出局了。除了成功地筹集到资金，塞拉诺斯公司还利用错失恐惧心理成功地与西夫韦（Safeway）和沃尔格林（Walgreens）等公司建立了创新型伙伴关系。两家公司都渴望和塞拉诺斯公司锁定独家合作伙伴关系，这会让他们的领导团队看起来像英雄一般。令人震惊的是，他们在药店里安装了塞拉诺斯公司的设备，却没有任何证据能够证明这种设备确实有效。

在某种程度上，霍尔姆斯的计划如此完美，它形成了一个自我强化的循环。她利用自己的投资者和董事会来吸引西维斯（CVS）、西夫韦等新的合作伙伴，然后利用这些合作伙伴关系为公司吸引更多的资金、人才和人气。这头巨兽已经有了自己的生命。霍尔姆斯愚弄了所有人。在高光时刻，她一度登上了福布斯美国 400 富豪榜。然后，问题开始暴露出来，他们研发的技术失败了。最后，被忽悠的盲从之众意识到自己上当了，开始提出质疑。霍尔姆斯以雪崩一般的速度垮掉了。在短短一年间，她的净资产就从 45 亿美元暴跌至几近于零！[6] 这场面一定很尴尬。

虽然从很多方面看，塞拉诺斯公司遭遇了前所未有的惨败，但错失恐惧症在公司发展过程中发挥的巨大作用，却不是前所未有的。尽管错失恐惧症肯定不是进行投资的一个令人信服的理由，但它可以把那些一心瞄着初创企业的理性的男男女女，变成一群吵吵嚷嚷的错失恐惧症患者。

我明白了在我个人的风险投资生涯中，无论是用自己的资金投资，还是投资于风投公司，错失恐惧症偶尔悄无声息地侵入投资行为的基本原理。我曾经投资过一家由一位前拉丁摇滚明星创办的初创企业，在我们一起合作的那段时间里，他的言谈举止就像变了一个人一样。我真希望我错过了那次投资，那个项目失败的速度简直打破了历史纪录。每当错失恐惧症取代了逻辑，我就会赔钱。我从惨痛的经历中认识到，错失恐惧症会让你投资于你不了解的行业，与你不认识的人打交道。它说服你将自己的判断交给盲从之众（特别是盲从者中有很多有名望的人），而不是自己去做功课。这就是取祸之道。

## 你不可能永远不受地心引力的影响

你即使不受错失恐惧症的影响，也有可能遭到指责。假如你是一个头脑精明、判断正确的投资者，当有机会进行投资时，你也许会说“不，谢谢”。尽管也许你应该拒绝对方，但当你看着朋友们在你冷眼旁观、置身事外时大获成功，你可能会感到揪心；你的行为也可能招来很多批评，特别是招来盲从者的非议。早在1999年，《巴伦周刊》（*Barron's*）发表了一篇名为《你怎么了，沃伦？》（*What's Wrong, Warren*）的文章，指责沃伦·巴菲特未能涉足互联网泡沫。这篇文章——我想《巴伦周刊》现在一定想把这篇文章雪藏起来——评论，巴菲特“保守，甚至过时，因为他70岁了，他不懂科技”[7]。撇开年龄歧视不谈，这篇文章还指责巴菲特——这位“奥马哈的先知”——只投资他了解的领域，因此错失了良机。他们说得没错，纳斯达克指数在随后的几年里下跌了87%，他确实错过了机会。正如巴菲特所说，要想取得长久的成功，你应该守着自己的本行，基于分析进行投资，而不是情绪。

虽然有时严谨刻板一点儿是对的——比如像巴菲特那样，有时严谨一点儿能帮你避免投资塞拉诺斯这样的公司，但有时你真的做错了。你拒绝了大展宏图的天赐良机，把机会拱手让给了别人。数别人的钱——本来那可以是你的钱——并不能给你带来任何好处。你如果想摆脱忌妒或后悔的折磨，就需要重新审视你审时度势的方式方法。不管过去你有多成功，都要记住，你不能永远摆脱地心引力。因此，你如果想克服错失恐惧症，就得接受这样一个事实：有时你会错过一些报酬丰厚的机会。这说起来容易，做起来难，所以你应该尊重像柏尚投资（Bessemer Venture Partners）这样的风投公司。除了在公司网站上列出史泰博（Staples）和领英等成功的投资项目，柏尚还突出强调了自己的“未投资项目清单”。这份清单列出了他们有机会投资但没有投资的公司以及相关的故事。例如，关于错失谷歌的故事：

> 戴维·科万（David Cowan）在大学时认识的朋友把车库租给了创业第一年的谢尔盖和拉里。在1999年和2000年，这位朋友试图把科万介绍给“这两个非常聪明的斯坦福大学的学生，他们在编写一个搜索引擎”。学生？一个新的搜索引擎？在这个柏尚投资“未投资项目”史上的最关键时刻，科万问她：“我离开你家时，怎样才能绕开车库附近的区域？”[8]

谷歌并不是柏尚错失的唯一良机。鉴于21世纪第一个十年间非常火爆的社交网站 Friendster，在 2010 年后几乎淡出了人们的视野，该公司未投资脸书，可能会让人更加痛苦。

> 2004 年夏天的一个周末，在参加公司拓展活动时，哈佛大学本科生爱德华多·萨维林（Eduardo Saverin）盯着杰里米·莱文（Jeremy Levine）死缠不放，滔滔不绝地游说个不停，让杰里米避之不及。在排队吃午饭的时候，杰里米·莱文又被他盯上了，于是他给了这位大学生一些明智的建议："孩子，你没听说过 Friendster 吗？你已经没戏了。"[9]

柏尚强调这些错失的机会，计算他们的损失——可能错过了数百万美元（或许是数十亿美元），这样做并非仅仅为了展现他们的幽默感和适度的谦逊，还意味着柏尚承认，即便是最睿智的投资者，也不可能发现每一次机会。事实上，为了把足够的时间和资源投入公司投资的一小部分公司，柏尚必须专注、果断地行动，并且一次次拒绝别人。这样行动的效率越高越好，但不可避免的是，如果他们判断错误或者形势不利，大好机会就会从指缝中溜走。柏尚接受了严酷的现实，甚至坦然承认错误，并将错误摆到台面上，这化解了人们心中的恐惧，取而代之的是平常心。具有讽刺意味的是，该公司透明化的举动深受业界好评，以至于"未投资项目清单"已经成为许多其他风投公司网站上的标配。在我看来，这些公司纷纷效仿此举的做法，有可能会在击败一种错失恐惧心理的同时，让另一种错失恐惧心理乘虚而入。

在硅谷这个金光闪闪的泡沫里，由错失恐惧症驱动的策略所产生的影响，远不止做出投资决策这一项。它还会导致领导者质疑自己的信念，导致公司迷失方向。与投机泡沫一样，科技变革也会影响企业运营状况及其市场定位。也许在短短一夜间，那些历史上占主导地位的“玩家”不得不面对初创企业的挑战，曾经新颖的理念似乎已经变得陈旧过时了，恐慌和不确定性会替代稳定性，一统天下。到了这个时候，这些企业家就会发现自己患上了错失恐惧症。为了找到前进的道路，他们环顾四周，试着跟上别人的脚步。他们试图反抗地心引力，但最终还是狠狠地摔在了地上。亚马逊会推出失败的亚马逊 Fire Phone 智能手机；百事可乐会推出水晶百事可乐；长岛冰茶（Long Island Iced Tea）会将公司名称改为长区块链公司（Long Blockchain Corp），并称有意将公司改造为虚拟货币玩家，原因都在于此。Fire Phone 手机和水晶百事可乐早已失败，并退出了市场。当长岛冰茶的股价飙升了近 300% 时，从老虎机生产公司到果汁生产商的数十家公司也紧随其后，试图打入区块链领域。一家公司也没有成功。一年后，长区块链（长岛冰茶更名为“长区块链”）的股价下跌了 97%，并从纳斯达克摘牌了。世界首家冰茶 / 区块链公司得到了教训：错失恐惧心理并不是好的投资策略。

# 第七章

# 更好选择恐惧症：反策略

只要你不做出选择，一切仍有可能。

——《无姓之人》

如果小时候父母会给你讲童话故事，你一定听过一个金发姑娘无所顾忌地闯入别人家中的故事。这个经典的故事名叫《金发姑娘和三只熊》。如果你成长在一个没有“金发姑娘”的家庭，我就给你讲讲吧。

故事讲的是一个年轻的金发姑娘偶然发现了森林里的一间小屋。虽然没人给她开门，但她还是决定闯进去，随便走走看看。

金发姑娘一进屋，就发现桌子上有三碗粥。第一碗粥太热了，第二碗粥太冷了，第三碗粥不冷也不热，于是她就喝了第三碗粥。接着她又先后坐在三把椅子上，她觉得第一把椅子太硬了，第二把椅子又太软了，而第三把椅子不软也不硬。挑来挑去，折腾了一会儿，更好选择恐惧症让她感觉累极了。于是，她就躺在三张床中最舒服的一张上睡着了。在这个漫长的下午，金发姑娘在小屋里留下了很多自己的印记。她吃光了粥，弄坏了一把椅子，把卧室弄得一团糟。可以理解，当三只熊回家后，它们生气极了，赶走了金发姑娘。从此，金发姑娘再也没有出现过。

作为一个成年人，重读这个故事，我看到了两个要点。首先，金发姑娘确实会玩。其次，自恋、过多的选择和不满足的心态滋生了更好选择恐惧症，让金发姑娘成了一个彻头彻尾的“罪人”。她在小屋里做的每一个决定，都是将自己的短期愿望和目标凌驾于无辜的小熊一家之上，她的行为会严重影响它们的生活。她太功利了，她的行为会带来不良的后果。做对她最有利的事情，虽然当时让她感觉好极了——显然也使她筋疲力尽，但最终还是让她付出了代价。

要是更好选择恐惧症带来的那些麻烦只出现在童话故事中就好了。如果你想在现实世界中看到它的踪迹，只需下载应用软件 Tinder 就行了。这个软件似乎就是为了探索人们对选项值的渴望而设计的。如果你从未使用过 Tinder，那么我来解释一下：它会根据你所在的地理位置，为你提供源源不断的潜在约会对象。每当一个新的头像出现在屏幕上，你如果想和这个人聊几句，就可以向右滑动屏幕；你如果没找到感觉，就可以向左滑动屏幕。整个过程只需要两秒钟，所以，如果你的手指足够灵活，每隔几分钟你就能滚动翻阅数十个潜在约会对象的资料。

既然你的口袋里装着一个便捷版的“单身酒吧”，你就完全可以花几个小时拒绝潜在的约会对象，直到找到一个你认为值得让你向右滑动屏幕的人。你不需要付出任何努力，甚至不需要和任何人说话，你只需要坐在家里滑动手机屏幕就可以了。这不是很浪漫吗？现在，试着把这种约会方式应用到你的现实生活中。如果你以对待 Tinder 上的人的方式对待与你共事的人——无论对方是你的同事、供应商还是客户，那么一定会给你的职业生涯带来长期损害。

再举个例子。我有一个朋友，我就叫他亚历克斯吧。亚历克斯讨厌他现在的工作，迫切地想在同一行业中找到另一份工作。他也非常渴望从纽约迁徙到欧洲的某个城市。他的首选城市是巴黎，因为他的家人住在那里，他也愿意去欧洲其他城市。他只想辞掉现在的工作。经过几个月的面试，他终于得到了伦敦一家公司的录用通知。他喜欢这份工作。事实上，这份工作几乎符合他所有的标准，除了不在巴黎这一点。他问自己：“我应该接受还是放弃？”

那天晚上，亚历克斯想在做出决定前再努力一把。他想利用他收到的这份录用通知，换一份他更心仪的英吉利海峡对岸的工作。睡觉前，他发了一封电子邮件给巴黎的一个朋友，向他咨询如何用自己手头的录用通知换巴黎某家公司的录用通知。直到第二天早上他醒来打开邮箱时，他才意识到，自己犯了一个大错。他吓得立刻坐起来。原来，他没有把邮件发给朋友，而是发给了前一天给他发录用通知的伦敦那家公司的人——他未来的老板。他收到的答复很简短，而且毫不客气："你有 24 个小时接受这份工作，否则这份录用通知就撤回了。"

亚历克斯被逮个正着，但他很幸运，因为很多雇主会当场撤回录用通知。为什么一家公司要成为别人的备胎呢？看着收件箱里的最后通牒，亚历克斯意识到，他被自己的更好选择恐惧症击败了。在他刚开始找工作时，他会欣然接受这份工作。现在的他，竟然拿一份近乎理想的工作来冒险，真的太鲁莽了。亚历克斯接受了这份在伦敦的工作，却不敢要求老板加薪。而在正常情况下，他肯定会和老板谈薪资的。当他开始做这份新工作时，他很担心自己鲁莽的行为是否会让他在新公司里付出代价——还没开始工作，他就给别人留下了不好的印象。可他永远无法知道答案。

## 更好选择恐惧症如何重塑劳动力市场

当然，这种备胎心理并不限于求职这样的场合，它会渐渐渗透到你的职业规划过程中，最后成为你职业生涯的决定性特征。在 2018 年的一项调查中，领英报道，68% 的员工在做职业决定时感觉自己有错失恐惧心理，而 17% 的人则表示，他们职业生涯中最大的遗憾就是没有坚持不懈地去争取梦想中的工作。在公布上述报道的博客文章中，领英描述了错失恐惧症在工作环境中的表现。

想象一下：你刚刚得到了一个新职位，或者一份新工作。一开始，你为这个机会深感兴奋，随后你就会想到那些潜在的更好选择。这份工作适合我吗？如果我能找到一个薪水更高、头衔更高、工作更灵活、可以选择在家工作的职位呢？于是你苦苦挣扎着，不知如何做出决定。你患上了更好选择恐惧症——对存在更好选择的恐惧。[1]

从表面上看，领英像是一个社交网络，事实上它创建了一种诱使人们在职业领域患上更好选择恐惧症的经营模式。这是因为，领英是一个大型求职平台，近 80% 的招聘人员使用该网站来填补职位空缺。[2] 每次登录领英，你都会受到工作列表信息、猎头信息和状态更新内容的狂轰滥炸，其中，状态更新内容会让你看到社交网络中所有人的事业发展和晋升情况。虽然其中的一些功能明显是为了引发你的错失恐惧症而设计的，但它们也像是为你的更好选择恐惧症准备的猫薄荷。领英正在成为求职界的 Tinder，你如果对自己的职业不满意，或者打算换一份工作，就可以花几个小时在上面搜寻更好的选择。与此同时，它也会引发你的焦虑，这对你找到梦寐以求的工作毫无帮助。

更好选择恐惧症对就业市场的影响，并不局限于一个领英应用程序，它也是零工经济的主要推动力之一。零工经济的上扬趋势，让自由职业成为一条职业道路。零工经济催生了整整一代数字游民，他们可以在世界上任何一个地方办公，从一个项目奔赴另一个项目，而不是循着规划好的职业道路前进。这种转变对美国劳动力的影响是惊人的。据预测，到 2020 年，超过 40% 的美国人将成为自由职业者。[3] 当然，并不是所有人都是全职的自由职业者，所以，这个数字需要做进一步的拆分。有的人会通过打零工的方式补充全职工作以外的收入，或者在失业期间给自己增加收入。尽管如此，仍有数百万的人会选择自己创业。“组合型职业”应运而生：一个人打好几份不同的零工，这些零工共同构成了这个人的工作。如果你想深入了解这一现象，可以去联合办公（WeWork，一种为创业人士提供服务的共享空间）或咖啡馆这样的共享工作空间看看，问问那里的人，他们整天都在忙些什么。

自由职业这一变革是三大趋势的产物。首先，它是由互联网驱动的，互联网使所有这些灵活的工作安排成为可能。其次，这是终身雇佣制不复存在的直接后果。比如，法律和金融等行业曾经一度享有盛誉且前景极佳，但如今这些优势已不复存在。这迫使许多专业人士离开固定的公司，转战咨询行业。最后，许多大公司正在转向兼职用工模式，以此补充团队中缺乏的成员，提高生产力。他们无须提供标准的福利待遇，就能找到愿意提供服务的专业人才。

虽然组合型职业能给个人带来一些明显的好处，比如灵活自主、薪水可观，但这样做可能给狼披上了羊皮，给更好选择恐惧症添了一把火。作为一个自由职业者，你无须死守着一个项目，拥有尽可能多的选项值；你是自由的，不必像那些公司小职员一样忍受沉重的束缚。你是一个不折不扣的自由职业者，但这种自由是有代价的。而且，从本质上说，你工作的灵活性是不可预测的。你如果希望自己未来的收入具有可预测性，就必须不断地寻找并敲定下一个项目。你也不太可能分享到你为客户创造的价值。也许你能设计出令人惊叹的徽标，写出一些史诗级的代码，或者想出一些绝妙的营销策略，但回报仅仅止于你的薪水。你不会得到任何升职、加薪、持股的机会，也无缘享受企业给员工提供的长期薪酬及其他福利。选项值是好东西，但它不会为你的公寓支付首付款，也不会为你的汽车加满汽油。

## 更好选择恐惧症如何影响你的人际关系

更好选择恐惧症和职业的关系并不是单向的。更好选择恐惧症会影响你的工作方式，你的工作也会在很大程度上决定你是否会患上更好选择恐惧症，你的更好选择恐惧症会有多严重。如果你的事业成功了，那么工作给你带来的种种经验和回报，以及它们带来的选项丰富的环境，最终会让你沦陷。具有讽刺意味的是，许多靠更好选择恐惧症助力的行为，在许多行业中是完全可以被接受的，并且被视作一种非常有效的谈判策略。如果你知道如何把它当作一种武器，就可以利用它提高你的地位，让赚到的钱塞满你的口袋。但危险同时存在。如果你工作时老是让更好选择恐惧症支配你，那么这种症状就会在你的人生中疯狂肆虐，同时还让你觉得心安理得。你会觉得，那些曾经让你觉得自己很自私、不友善甚至愚蠢的行为，好像也没什么可大惊小怪的。这就形成了一个恶性循环：这种症状在日常生活中越严重，在工作时就越变本加厉，而这种工作状态反过来会影响你的生活状态，如此循环往复，永不停歇。

当一切进展顺利，当你拥有自己的筹码时，这一切似乎都是可持续的。但如果你的很多选择在一夜之间突然消失了——比如，你失去了那份高大上的工作，或者你的公司被吞并或倒闭了，那么你将发现整个世界变样了，更好选择恐惧症给你带来了无穷的麻烦。当你的地位一落千丈时，当别人都在对你说“我早就知道会这样”时，你就很难再继续自恋下去了。到那时，简单的真理变得清晰起来：无论你的人生多么顺利，你总有需要仰仗别人、接受别人的善意的时候。如果你没有赢得这种善意，或者你随便浪费了它，就不要期望它会在你最需要的时候出现。

当更好选择恐惧症不再只是一种谈判策略，而变成一种人生策略时，它就会影响你的人际关系，并给你带来一些严重的长期影响。当你迟迟不肯做出决定并期待这个世界能继续容忍你的时候，你就引起了别人的怀疑。也许一开始不会。开始，你的朋友和同事可能会容忍你的行为。他们会认为“他是个超级大忙人”，或者“他有很多事情要做”，他们会姑且相信你，让你占便宜。他们给了你一张免费的通行证，一张你不应该得到的通行证。但是，他们记着这事呢。同样的事一次又一次发生后，事情就变得不一样了。他们最终会看穿你的所作所为。

由此可见，更好选择恐惧症就像一场旷日持久的骗局。在某一段时间，你可以自行其是，但到了某个节点，你周围的人就会明白你在做什么。最终，那些一直容忍你的更好选择恐惧症的人就会发现你很自私，并明白你的自私对他们产生了什么样的影响。除非他们没有一点儿自尊或没有任何权力，否则他们便不会再允许你这样对待他们了。这会让一个忠诚的员工跳槽到你的竞争对手的公司，让一个值得信赖的合作伙伴与你分道扬镳，或者让一个守信用的供应商或客户与你断绝生意往来。破坏人际关系只是更好选择恐惧症带来的一系列负面影响中的一个，它的实际影响远远超出了人际关系的范畴，甚至会影响各种规模的企业做出的战略决策。

## 优柔寡断的公司

更好选择恐惧症会影响你的性格，改变你的行为，也会直接消极地影响你管理公司日常事务的能力，无论其规模大小，是初创企业，还是一般公司。它是生产力的终极杀手，令你无法做出正确的决策。它实际上是一种反策略，因为它就站在优秀策略应取得的一切成效的反面。它会通过让你陷入优柔寡断的泥潭、以优化代替创新和以惰性代替领导力来摧毁你的动力，降低你的效率。它还与错失恐惧症狼狈为奸，让犹豫不决、停滞不前的状况变得更加严重。

### 1. 陷入优柔寡断的泥潭

做出决定——哪怕是一些例行的、公事公办的决定——并不容易。你必须相信你之前做的功课，并接受你无法预测未来的事实。如果你不愿意面对失望、遗憾、不可避免的妥协甚至失败，干脆就避免做出决定吧。在你处心积虑地想办法消除未知因素或增加其他选项时，你就会陷入优柔寡断的泥潭。当更好选择恐惧症以这种方式表现出来时，就会形成这样一种企业文化：等待下一份报告出来、下一个大事件发生或下一次董事会会议召开后，再采取行动。

有时更好选择恐惧症和优柔寡断会冒充成明智的行为来蒙混过关。谁会因为在规划前进的道路前做了大量的功课、考虑了大量的方案、生成了尽可能多的选项而责备你呢？只有等到错过了机会或落后掉队时，你才会发现，要怪就怪自己行动得太慢了。

以世界一流的、销售额超过650亿欧元的奥迪公司为例。[4] 奥迪公司的年度研发预算超过45亿欧元，对于一家品牌口号为“突破科技，启迪未来”的企业而言[5]，这完全合情合理。然而，尽管其工艺精湛、财力雄厚、忠实的客户遍布天下，但在将电动汽车推向市场的竞争中，奥迪公司难以跟上同行的脚步，在苦苦挣扎。一位车评人注意到了这场慢性“车祸”的严重性：

> 其他汽车公司（最著名的是日本尼桑）在三四年前就下定决心生产和销售电动汽车，现在销售的电动汽车已有成千上万辆，奥迪还处于问题研究阶段。在 11 月 27 日结束的洛杉矶车展上，奥迪正在展示其全电动的 A3 e–tron 车型。奥迪称这是一项“技术研究”。[6]

对奥迪公司的高管团队来说，“很不幸”的评价已经很温和了。上面一段评论引自 2011 年的评论文章。是的，你没看错。尽管在 2009 年的法兰克福汽车展上，奥迪公司就推出了他们的第一代电动概念车，但该公司的高管们一直没有确定具体的设计、生产计划和营销计划。如今，近 10 年过去了，在为汽车行业的未来而战的竞争中，已经找不到这家公司的身影了。优柔寡断造成的结果不断累积，奥迪公司因此放弃的利润达到了数十亿美元，“突破科技，启迪未来”更是无从谈起。

奥迪公司的不幸遭遇是一个典型的更好选择恐惧症案例。奥迪公司花费了大量的时间、金钱和资源，试图准确地判断出如何设计和推出一款产品。于是，他们研究市场，生产概念车，然后连续多年按兵不动、原地踏步，任凭美国的特斯拉这样的后起之秀和美国的通用、日本的尼桑等老牌汽车制造商分走他们的杯中羹。当奥迪公司最终将其技术商业化（如果他们还会这样做的话）时，他们将面临指数级的风险。

随着大数据的出现，优柔寡断变得尤其危险。由于存储信息的成本逐渐下降，以及数据科学的日益复杂化，大数据的市场价值现已超过了2000亿美元。[7]事实上，过去两年中产生的数据，比在此之前整个人类历史中产生的数据还要多。[8]这为决策者带来了实实在在的便利，但他们的工作因此变得更加复杂：一个干草堆越大，想要在里面找到一根针就越困难。随着这一趋势愈演愈烈，企业将受到诱惑，去收集更多的数据，这种状况是可以预见的。他们会投入更多资源，在采取行动前对所有潜在的风险进行量化分析。考虑到这是不可能完成的任务（除非你有一台时间机器），他们可能会无限期地推迟决定，或者根本不采取任何行动。

对创业型企业来说，这尤其麻烦。当你在做一件新的事情时，你无法判断哪个选择是正确的。你必须逐一研究拥有的各个选项，选择其中一条道路，然后勇往直前，勇于承担后果，并在必要时愿意改变既定的路线。你如果淹没在数据中——从理论上说这些数据可以给你想要的答案，就可能会无休止地研究这些数据，而不是继续往前走。问题是，当你在尝试做一件新的事情时，你无论有多少数据可供使用，都无法预测未来。如果你是一个时间和资源有限的企业家，那么事实证明，陷入优柔寡断的陷阱，可能是你犯下的最糟糕的错误，也是你能犯下的最后的错误。

### 2. 以优化代替创新

没有人能让自己尽善尽美，但在提高效率、削减成本或改组重构方面，你可以进行完善优化。在职场或商业环境中，这一切早晚都用得上。不过，在做决定前保留选项值和无休止地校正你的分析，并不会让你做好改变世界或开辟道路的准备。它只会让你做好保持现状的准备，尽管随着时间的推移，情况会有所改善。领导者必须阐明愿景，这样他们的追随者和团队才能加入他们，为企业发展做出贡献，分享共同努力的成果。

在一篇很有人气的《纽约时报》评论文章中，美国一家知名公司的首席执行官恳请员工为自己的命运负责，花时间学习一些在线课程。这些课程通常被安排在晚上和周末，目的是让他们掌握新的技能，并在工作场合保持竞争力。[9]该文作者警告他们说，如果你们不跟上别人，你们的未来和公司的命运都将是一个未知数。

这话不是马克·扎克伯格、罗睿兰或埃隆·马斯克说的，而是美国电话电报公司（AT&T）首席执行官兰德尔·斯蒂芬森说的。这家看似古板的《财富》500强公司，拥有近30万名员工。如果所有人都在舒适的办公室里得过且过，那么一切就可以到此为止了。一家美国大企业希望员工利用空闲时间学习在线课程、提高自身的技能，这足以说明，一场巨变正在发生。斯蒂芬森在试图动员公司员工改造AT&T公司，这是可以理解的。这家电信先驱紧紧跟上时代步伐，并与亚马逊、谷歌这样的科技巨头在这场宏大的战役中较量，说到底，这是一场人力资本的较量。

聪明的公司明白，如果不大力创新，就要冒被吞并或消失的风险。尽管不少大型企业尽最大努力激励他们的员工像企业家一样奋进，最终却失败了：由于科技的进步，随着一系列行业先后消失、重组、重构，在 2000 年上榜的《财富》500 强公司中，已经有 52% 的公司破产、被收购或停止运营了。[10] 在未来的 10 年里，变化的步伐只会加快，预计目前《财富》500 强的上榜公司中有 40% 将会消失。[11]

患有更好选择恐惧症的员工、领导或他们所在的组织，会将选项值置于一切之上。这意味着他们天生就没有创新能力。当你把世界看作一个一成不变的馅儿饼，而你的唯一目标是优化每个决定，以确保自己得到最大、最好的一块馅儿饼时，你就无法进行创新。为了创造新事物、打破产业格局、挑战现状，各公司及其领导者必须采取一些激励措施，鼓励员工承担风险、尝试新事物甚至面对失败。当一个公司的文化淹没在优柔寡断、举棋不定和过度优化（这一切都将带来停滞不前）中时，这个公司就不可能做到这些，并像往常一样推动业务。更好选择恐惧症是创业思维的对手。

正是因为更好选择恐惧症的存在，许多初创企业才能够战胜困难，战胜大公司。这就是奈飞战胜百视达、亚马逊取代美国许多传统零售商的原因。当大企业、大公司在进行没完没了的研究、组织无数次会议并制订无数可能会执行的增长重组计划时，初创企业已经后来居上，从他们那里分到了一杯羹。初创企业采取行动的速度更快，信心更足。他们用数据说话，能承担可预估的合理风险，而不是想方设法地去证明反复开会、商议、思考的做法多么正确。初创企业必须快速做出反应，并且他们资源有限，他们既没有时间也没有钱去采取别的运作方式。他们必须果断地采取行动，否则他们就没戏了。

### 3. 以惰性代替领导力

无论是在政府、军队还是商业环境中，领导者都必须评估他们面前的挑战，判断他们知道什么、不知道什么，然后制定出前进路线。他们必须果断，即使他们面临的是各种不确定性、各种风险，即使他们可能会错过或放弃一个好机会。这是身为领袖人物的标志。如果他们缺乏这些品质，工作就无法取得任何进展。

更好选择恐惧症本身会极大地阻碍决策的制定，当它与错失恐惧症结合起来时，就会导致“害怕做任何事恐惧症”（Fear of Doing Anything），简称 FODA，其结果可能是灾难性的。当什么事都想尝试一把的欲望（错失恐惧症）与想要保留所有选项的需求（更好选择恐惧症）彼此碰撞时，就会出现这种现象。当你患上这种恐惧症时，你会被同时拖向两个相反的方向。你渴望朝这个或那个方向奔跑，去追求你认为比现在拥有的东西更好、更有价值的事物。与此同时，你无法做出任何选择。你不知道该往哪里跑，而且你讨厌无奈地接受其中一种选择的感觉。结果，你只能在原地打转，毫无进展，并且在这个过程中让自己筋疲力尽。这是领导力、专注力和承诺的失败，它会惩罚你，让你做出让自己受罪的决定。

有趣的是，从我开始将 FODA 纳入我的词汇表的那一刻起，我就了解到它可以在几种不同的语言中自如切换。你如果在巴西大喊 FODA，最好注意一下上下文。这个词在当地的意思有些不雅，这是个巧合。我最近还发现，这个词在中东的翻译更贴切。在中东地区，当你说 FODA 这个词的时候，大多数人会以为你说的是 Fauda（《高墙边的混乱》），或阿拉伯词 فوضى，翻译过来就是“混乱”的意思。如果说这种恐惧症给它的受害者带来了什么的话，那一定是混乱。

在过去的几年里，英国脱欧这一国际事件，就是错失恐惧症和更好选择恐惧症的联合效应在国际舞台上的演绎。在全民公投中，占微弱多数的英国民众表达了脱离欧盟的意愿。公投之后，英国首相和议会陷入了一场痛苦而超现实的斗争，目的是将英国民众的意愿转化为行动。鉴于当时局面的复杂性、其长期影响的不确定性以及当时的政治情况，英国的那些国会议员和广大英国民众一样，内心受到了各种恐惧症的折磨。

当英国选民投票支持英国退出欧盟时，从一定程度上说，他们是基于错失恐惧症而做出了这样的选择。由于受到认知的驱使，并被信息不对称效应推动，他们认为脱离欧盟将会给英国带来明确的经济和政治利益。“脱欧”积极分子利用人们的认知和现实之间的差距，利用错误的信息和情感发起了一场运动，动员人们支持他们，并在投票中获胜。英国脱欧的日期定在 2019 年 3 月，英国用两年时间就脱欧问题进行谈判。不幸的是，脱欧的政治现实与他们向公众兜售的那一套东西截然不同。然而，议员们必须找到一种方法，把这些由错失恐惧症助燃的选择变成切实可行的政策——尽管造成这种选择的认知带有欺骗性。虽然许多方案和相关立法已经浮出水面，但都需要权衡利弊。这在政治上不是一个新概念，但面对这些艰难而必要的选择，英国领导人选择了更好选择恐惧症，而不是立刻采取行动。

2019 年 3 月这个最后期限即将到来，要么同意一系列脱欧的协议，要么不达成协议就匆匆脱离欧盟。面对这样的局面，经选举产生的民众代表投票，反对所有可能的行动方案。他们选择等待比他们现有的选择更好的选择。当错失恐惧症与更好选择恐惧症发生冲突，当 3 月这一最后期限到来时，他们唯一确定的措施是要求延长最后期限，仿佛通过推迟不可避免的事情，就会出现什么奇迹似的。最后，在经历三次普选、三次延长最后期限、先后两任首相之后，英国议会在 2020 年年初终于通过了《脱欧协议法案》。

具有讽刺意味的是，随着时间的流逝，英国议会却放弃了寻找解决英国脱欧带来的问题的最佳方案。他们没有什么优势了，也没有时间了，只好把重点转移到损害控制上。作为世界上最大的审议机构之一，英国议会没有能力对这样重要的问题做出决策，而这个问题在它使这个国家蒙羞之前就已经出现了。超过 80% 的英国民众认为英国在脱欧问题方面处理得很糟糕[12]，这并不奇怪。时间会告诉我们这个不幸的泥潭将如何终结，它给英国政治体系带来的创伤是不言而喻的。

正如英国脱欧风波所展现出来的那样，没有人会因为一位领导人优柔寡断而赞颂他，尤其是在该事件具有全球影响力的情况下。患有更好选择恐惧症的领导人，从本质上是自私的，而不是无私的。他们关心的是自我保护、降低风险，先满足自己的需求，然后再为别人担忧，尽可能满足短期目标。虽然在一段时间内，这样的做法有可能成功，但从长远来看，其效力非常值得怀疑。错失恐惧症让你根据自己的情绪做出决定，同时逃避冷酷无情的现实情况。更好选择恐惧症塑造了一种规避风险和停滞不前的文化，最终导致“领导真空”。当一个自私的领导人离场——不管这是不是他自己的选择——时，他留下的是一个烂摊子。

怎么会有人——尤其是那些有能力、有抱负的人——愿意追随一个患有更好选择恐惧症的领导人呢？英国首相特蕾莎·梅（Theresa May）付出了惨重的代价，才终于明白这一点。随着第二个最后期限的到来，随着她对自己的领导能力失去信心，她被迫辞职了。基于英国目前面临的棘手局面，她可能不是英国最后一位由于患上更好选择恐惧症而失去官位的首相。

# 第三部分

# 果敢决断：选择你真正想要的

自由是什么？自由是一个人有承担责任的意志。

——弗里德里希·尼采（Friedrich Nietzsche）

# 第八章

# 脱离恐惧，获得自由

我失去了多少东西啊，仅仅因为我害怕失去。

——保罗·科埃略（Paulo Coelho）

从 1880 年起，几乎每一位美国总统都用过“坚毅桌”。它就摆在椭圆形办公室里，或者总统的私人书房中。这张桌子进入白宫，是美国历史上一段引人入胜的传奇故事。

1854 年，隶属英国皇家海军的“坚毅号”军舰被困在加拿大北极地区的冰冻水域中，海军被迫弃船。16 个月后，一艘美国捕鲸船在浮冰中发现了一艘一侧倾斜的被遗弃的军舰，而在此之前，人们认为这艘军舰已经迷航了。它正是“坚毅号”。它向东漂流了 1000 多英里，在穿越巴芬湾、漂向格陵兰岛的途中几乎毫发无伤。[1] 这艘军舰被发现以后，美国国会从拾荒者的手中买下了它，并拨款进行了所有必要的维修，然后将它归还给了英国女王。后来这艘军舰退役时，人们用其木料做了几张桌子，维多利亚女王将其中一张桌子送给了当时的美国总统拉瑟福德·B. 海斯（Rutherford B. Hayes），以示谢意。[2]

“坚毅桌”是美国力量的象征，然而它的来历并未反映出一丁点儿你希望在一个总统身上看到的品质。恰恰相反，这艘船被冻住了，被水流冲走，漂流了一年多，直到被一艘比它小得多的船拯救。这听起来像是领袖人物最可怕的噩梦。“坚毅桌”会成为所有领袖面临的考验的恰当比喻，就在于这种不协调性。坐在“坚毅桌”前的男人（将来可能也会有女人）并非都是果断的、明智的。他们是人，就像你我一样，他们也会犯错。为了成功，他们必须时刻保持警惕，抵制随大溜或拖延行动的想法。他们还必须谦虚地寻求别人的帮助。从本质上讲，他们必须痛下决心才能果断行事，特别是应该知道他们的决定将影响数百万人。没有任何一张办公桌——包括摆放在椭圆形办公室里的那张办公桌，能让这个任务变得容易。然而，我要指出的是，理查德·尼克松（Richard Nixon）决定不用这张桌子。也许他的问题就出在这儿。

## 学会果断

在这一部分，我们将针对错失恐惧症和更好选择恐惧症的驱动因素，探索一系列策略，帮助你学会管理它们，最终消除它们。

你将发起的是一场全面的战斗，既涉及你的工作，又涉及你的生活。鉴于原本泾渭分明的生活和工作现在出现日渐融合的趋势，你如果想大获全胜，就必须采取全面的手段。你如果这样做，很快就会发现，克服这两种恐惧症并不是什么难以捉摸的事情。相反，克服它们的根源在于发现它们，让它们现出原形，然后以各种各样的方式与它们做斗争。告诉你一个好消息，这完全可以做到。你将学到的策略非常实用，你可以从今天开始试着使用它们。无论你多纠结于错失恐惧症或者更好选择恐惧症，再或者两者兼而有之，你只要坚持斗争，很快就会发现，你也能坐在“坚毅桌”前。

现在，你的目标已经很清楚了，是时候寻求解决方案了。为了征服这两种恐惧症，甚至让它们为你所用，你必须从源头上阻击它们：你必须改变做决定的方式。毕竟，错失恐惧症是担心错过什么的决定，做某事或不做某事的决定，是否做一头角马的决定。与此类似，更好选择恐惧症是与害怕做出决策的心理作战。你能接受一个没有符合你所有最高标准的结果吗？当多头下注让你觉得更舒服的时候，你会信心十足地采取行动吗？最后，你准备好查验你的行为是如何影响你和你身边的人了吗？

这一切听起来似乎有点儿吓人，但你也不用害怕。长期以来，行事优柔寡断对个人的职业、公司和国家的影响都是灾难性的。这是无可争议的。尽管它带来了持续的风险和挑战，却并非无法克服。你可以学会如何摆脱错失恐惧症的陷阱和更好选择恐惧症的泥潭。要实现这个目标，你必须果敢决断。成功是什么样的？它就像自由一样。当你找到力量去选择你真正想要的东西，找到勇气放弃其他东西时，你就告别了优柔寡断，并从想要拥有一切的欲望中解放出来。即使你排除了一些选项，失去了一些经验，错过了一些潜在的机会，并且大大限制了你可能做到的事的数量，你的现状也会得到改善。你会更加放松、顺畅、自由地走向未来，没有任何遗憾。最重要的是，当你学会果断行事后，你就能摆脱恐惧。

错失恐惧症和更好选择恐惧症都和恐惧有关，这一点常常被人忽视。当你像大多数人一样使用它们的首字母缩略词 FOMO 和 FOBO 时，“恐惧”这个词就不会出现在你的视线中了。无论你是否意识到，它一直就在那里，隐藏在你的眼皮底下。由于这些行为根植于恐惧，所以它们完全是情绪化的。恐惧和其他情绪是你所感受到的一切的推动力。知道了这一点，一切就不同了。没有人愿意过一种被焦虑和恐惧主宰的生活。这就是站起来向它们宣战如此重要的原因。

没有一场战争是一个人的单打独斗。你需要一支军队，才能在激烈的战斗中大获全胜。在与各种恐惧症的长期斗争中，我组建了一个专家团队，以获得新的见解。他们的见解有助于阐明和补充我的观点。在此过程中，我在我的播客《错失恐惧症患者》中采访了许多有趣的人，这些采访为写作本书奠定了基础。他们的专业知识和意见，具有理论和现实的指导意义。这些人包括：

一位神经科学家，同时也是一名佛教禅定导师；一位拥有工商管理学硕士学位的心理治疗师；一些企业家；一位天主教神父；一些风险投资家；一位心理学家；我的妈妈；一位社交媒体专家；一位人际关系专家；一位行为设计师；一个 12 岁的孩子。这些人都加入了我的行列。现在，我邀请你们也加入这场远征，用脱离恐惧所获得的自由，取代错失恐惧症和更好选择恐惧症的侵袭。

## 当信念遇到专注

你已经知道，我们的目标是让自己果断起来，那么一个显而易见的问题产生了：实现目标需要付出什么代价？学会果断地采取行动是一个由多个阶段构成的过程。首先，你必须训练自己学会发现并鉴别这两种恐惧症，然后弄明白它们会如何操纵你、破坏你的决定。好消息是，在本书的前两部分中，你已经完成了这些工作。现在你将专注于选择你真正想要的事物，然后舍弃其余的事物。为了征服错失恐惧症和更好选择恐惧症，你将采取下面两个行动，你得用一套特定的策略解决这两个问题。从现在开始，你就要开始学习和练习这一套策略了。

1. 选择你真正想要的事物。你要明白什么事物对你来说是重要的，将你的目标按重要性排序，然后以一种可实现的方式行动起来。当你能够全身心地投入你应该做的事情，而不是痴迷于你可以做的事情时，你就会对人生充满信心。信心是错失恐惧症和更好选择恐惧症的解药（前者让你试图选择一切，后者让你什么都不想选择）。第九、第十和第十一章将重点讨论这个目标。

2. 舍弃其余的事物。这意味着你需要对无数危及或削弱信心的诱因、干扰和行为保持警惕。无论你多么努力，这都是身在现代生活中的你无法避免的事实。因此，你必须不断努力，专注于真正重要的事情，放下其他的一切。第十二章将告诉你如何朝着这个目标前进。

在易患错失恐惧症和更好选择恐惧症的大背景下果断地行动，需要一种与其他决策过程不同的特定心态。当你与这两种恐惧症打交道时，你是在从若干对你有利的选择中进行选择。这不是在玩恐怖极限游戏。在恐怖极限游戏中，你会面对一些可怕的假设，比如你愿意被活活煮死，还是愿意被蟒蛇吃掉？你不是在寻找相对没那么可怕的选项，而是试图从许多完全可以接受的选项中选择一个。当你不做任何决定，各种选项渐渐从你眼皮底下溜走的时候，事情就会变糟糕。这就是你万万不能拖延的原因。你必须自信地在众多可行的选项中做出选择，然后专注地坚守这个选择。

在你学会怀着坚定的信念行动，以专注取代分心时，你将不得不面对内心的恶魔。即使你已经下定决心要果断一点儿，那些原本阻碍你的力量仍然在那儿。它们会从四面八方袭来。多年的错失恐惧症和更好选择恐惧症可能会让你变得沾沾自喜、自鸣得意。当优柔寡断成为你的一种习惯，甚至让你觉得舒适（说来奇怪）时，改变就会让你觉得难受。如果你很容易从众，常常优柔寡断，或者你觉得自己被现状制约，那么你就会自然而然地抵制变化。你将要采用的策略都是非常实用的，这就是原因所在。实用性是恐惧的死敌。当尝试新事物成为常态后，你就更容易接受它、实施它并取得切实的进展。你一旦开始这样做，就会立即发现其好处，这将激励你继续努力。

让自己成为一个果断的人，不仅是为了消除破坏性的行为，也是为了提高你的效率。坚定而专注的行为，能为你打开有利的局面。无论你怎么努力克服，两种恐惧症都会大把地浪费你的时间和精力。当你不需要再想着怎么去对付它们时，你的人生将以难以想象的高速度和高效率运转。就像一个优秀的运动员或伟大的艺术家一样，你将从业余选手的行列中脱颖而出，你的水平将大为精进，因为你的努力、时间和精力将产生巨大的收益。

我的嫂子达瓦洛斯·费尔隆（Davalois Fearon）是纽约的一名舞蹈演员和编舞家。你如果看过她的表演，就会被她娴熟的舞步所震撼。她跳舞时，没有一个动作是多余的，展现了优雅和运动的平衡。这是一个良性的循环，精简的动作和多重的目标被统一了起来。协调一致，完美演绎——多年的努力练习，让她的舞蹈尽善尽美。

试着让你的言谈举止也能这样精准无误。如果你能下定决心，果断行事，那么你的每一次努力都会为你的整体战略做出贡献。你越能将每个决定与你的总体目标紧密地结合在一起，你的每一次行动就越有成效，这会给你带来更多机会，让你取得成就，同时还不会让你在这一过程中受到伤害。通过不断实践，专心投入，你将创造一个良性循环模式，为你带来更好的结果，并为你的家庭、工作、所在的社区做出更多贡献。最重要的是，你会享受这一旅程，因为你知道，你是掌舵人，而不是一个被动的乘客。

现在你可能会问，你该如何运用这些策略，才能熟练掌握它们？对此我有非常好的消息要告诉你。每天你都有成百上千次机会做决定，这些决定会带来或轻或重的后果。虽然这些决定大多数是你下意识做出的，或者不需要你思考太多，但有些会让你犹豫不决。现在，你可以张开双臂迎接这些时刻，将它们视为与错失恐惧症、更好选择恐惧症进行搏斗并从中学习的大好机会，借此磨炼技能，但要注意你的方式，不要用力过猛。这既不会造成太大的摩擦，又不会颠覆你的生活。当你这样做的时候，你可以一点一点地进步，最后发现自己做决定的方式与以前大不相同了。渐渐地，你能为更重要的时刻做好准备。只要果断行动，就能带来积极的影响。从这一点来说，做决定就像锻炼肌肉，你练得次数越多，就会变得越强大。你如果能坚持下去，那么总有一天会让自己大吃一惊，因为你能举起的重量，将远远超过你的想象。

是时候开始了。和任何容易让人上瘾的行为一样，错失恐惧症和更好选择恐惧症都很容易让人上瘾。拨乱反正的第一步是承认你自己遇到了麻烦。这意味着你要学会发现这两种恐惧症，然后勇敢地承认它们。除了你在前面所做的诊断性测试，你还可以从日常生活中做出判断。如果你觉得自己每天需要做出 20 个改变人生的决定，就足以说明问题了。除非你在领导一个国家或者在治疗重症患者，否则你的生活不会这样复杂。这足以证明，你在不重要的事情上浪费了太多的时间、精力和脑力。

反之，你如果能相对轻松地度过平静的日常生活，就更有可能渡过难关。“坚毅号”军舰也许有很多让你评头论足的地方，但你不能说它缺乏适应能力。正是这种与众不同的优秀特质，使它引起了全球领袖人物的注意，并能在 150 多年后续写它的传奇。正如你将在下一章看到的，着手克服这两种恐惧症的最好方式是，试着去处理生活中的小事，并做出决定。你一旦做到了，就会拥有你所需要的适应能力和精神力量。你只有具备这样的力量，才能在遇到大事时坚定前行。

## 第九章

# 不要为小事担心

人生往往由许多平凡的决定累积而成，而这些决定常常被人忽视。

——大卫·拜恩（David Byrne）

伟大的领导者往往以行事果断坚定著称，想想那些改变了历史进程的人，比如亚伯拉罕·林肯、罗莎·帕克斯和圣雄甘地，就知道了。这些传奇人物冒着个人生活或职业上的风险，做出了一个或多个关键决策。假如他们一直忙于应对一大堆“重要事项”，犹豫不决，无法及时地做出承诺，他们都将被扔进历史的垃圾箱。事实上，他们果断行动，掀起了一波改变世界的浪潮，重塑了他们周围的世界。

虽然人们会根据领袖人物一生中做出的重大决策来评判他们

的功过，但他们也做出了不计其数的小决定，而这些从未受到任何关注的小决定，或许更应该受到关注。你如果无法处理平凡的琐事，经常为小事感到烦恼不安，就没有精力处理那些具有重大影响的事情。但这并不是说，你不应该关注细节。史蒂夫·乔布斯在管理苹果公司时，是出了名的一丝不苟，但他知道哪些细节重要，哪些不重要。例如，对他来说，产品设计的审美问题是至关重要的，而他自己的穿衣审美问题却不重要。众所周知，他每天都穿着同样的黑色高领毛衣、蓝色牛仔裤和新百伦运动鞋，这能让他腾出时间关注更重要的事情。对一些人来说，每天选择不同款式的衣服是一种自我表达的方式，但对乔布斯来说，这是无关紧要的。

当你患上了错失恐惧症或更好选择恐惧症时，你会为大大小小的事情担心个不停。为大事而感到不安是可以理解的，但你如果无论做什么决定都这么紧张，就把你的生活搞得太复杂了。虽然你理解某一个决定是不重要的，但当你生活在一个选项丰富的环境中时，这并不能给你带来多少安慰。因为，在这个选项丰富的环境中，各种科技、生理、社会和文化因素都会诱发这两种恐惧症。在这种环境中，你想让生活简单一些，简直太难了。你想在亚马逊上买一副鞋带，你发现有 2000 多种鞋带可供选择。这只是你每天必须克服的困难之一，因为你生活在一个选择多到让最果断的鞋带消费者也抓狂的世界中。

## 分清轻重缓急：风险有多大

为了应对错失恐惧症和更好选择恐惧症，你需要弄清自己真正想要的是什么，这样才能避免分心。虽然这个问题从表面上看似乎很简单，但令人震惊的是，大多数人很少会停下来思考一下，他们真正想从生活中得到什么。这通常适用于做出重大决策之时，但同样也适用于你每天需要做出各种无关痛痒的决定之时。

学会果断行事的第一步是从小处着眼。我深信快速制胜之道，而快速获得成功最可靠的方法，就是集中精力应对那些浪费时间的、引起不必要的压力的、让人分心的小决定。这将大大简化你的生活。你如果能迅速做出这些日常选择，就会获得信心，并生成相关的肌肉记忆，它是我们在风险较大时能更坚定地采取行动所必需的。

这自然而然地引出一个问题：如何将那些需要花费更多时间和精力的大问题和琐碎的小问题区分开？这需要你分清轻重缓急。

你是否曾花了整整一个工作日的时间回复了几十封普通邮件，然后才发现那些躺在你的待办事项清单上的重要事项一个都没来得及处理？即使你应该专注于更重要的事情，你的时间也很容易被数字处理所占用，因为这让你感到更有效率。从这个意义上说，清理收件箱是非常说不过去的。这看起来像是在工作，但实际上是一种伪装极佳的拖延症。不管是你的收件箱还是你的婚姻，当你把注意力转移到无关紧要的事情上时，你就没有时间、精力或耐心去处理更重大的事情了。因此，尽快摆脱琐碎的小事，少在小事上做文章，是非常重要的。

只要问问神父弗里德里克·多兰阁下（Monsignor Frederick Dolan）就知道了，他经常帮助人们应对人生中的大事，帮人们渡过难关。多兰阁下是一位不太传统的神父。在攻读了工商管理学硕士并成为美林证券（Merrill Lynch）公司的一名股票经纪人后，他加入了天主教神父的行列。现在，他是一名加拿大主业会神父。弗里德里克神父的工作经验让他认识到，当真正生死攸关的时刻到来时，没有人会受到这两种恐惧症的影响，所有的焦虑不安和优柔寡断都被清晰的条理取代了。他见过无数次这样的情况，所以他建议教区居民不要等到下次危机来临时，才知道要把重要的事情放在首位。多兰引用了教皇方济各（Pope Francis）的话强调他的观点："要学会对一种短暂的、肤浅的、一次性的文化说'不'，这种文化认为你没有能力承担责任或面对生活中的巨大挑战。"[1]

分清轻重缓急的关键在于，你要知道如何以你的整个人生作为大背景，去考虑每一个让你优柔寡断的决策。为此，每当你觉得自己陷入困境时，你得根据需要做出决策的事项的风险高低来区分轻重缓急。

这就要求你将重要的事情从繁杂的琐事中分离出来。你要判断出一个具体的决策属于高风险决策、低风险决策还是无风险决策。在确定了风险的高低后，你就能相应地调整你的策略，克服优柔寡断的问题。

| 应对不同风险的决策 |
| --- |
| **高风险决策**是重要的战略性决策，它将带来重大的、有可能是决定性的中长期影响。如果你想获得成功，在这些问题上你绝对不能选错。然而，目前你可能还不清楚哪种方案最佳，因此你需要一个结构化的、深思熟虑的过程。 |
| **低风险决策**是那些在生活中和商业上经常出现的决策，涉及日常生活中一定会发生的一些事情。虽然这些决策相对平淡无奇，但它们是必要的。它们能确保火车准时到达，货物摆放在货架上，植物得到浇灌。对于这些事情，你不能随便敷衍。在这些事上有可能存在多个正确的选项，所以对你的挑战是，选择其中一个，然后坚持到底。 |
| **无风险决策**绝无可能撼动宇宙，具体会涉及这样一些问题："我今天应该穿什么颜色的衬衫？""我今天应该去跑步吗？"这些都是你生活中的小细节。这些问题没有正确与否之分，你也许会花费不少时间做出选择，但你不应该那样做。 |

现在你也许在想，怎么可能将所有的决策都归入这三类中呢？你可能还会问自己，为什么没有其他类的决策？比如中风险决策、偏高风险决策或半低风险决策。要知道，这正是我们训练的目的所在。你如果把决策分成 25 类，那么你不会有任何收获。因为你的目标是让你的决策过程变得不复杂，而不是让它变得更复杂。

同样，你不会去管那些已经挺顺利的事情。无论你是否意识到，你每天都在做出成千上万个非常成功的决定，否则，就连每天早上起床都会变得非常困难。当你做出的决定非常简单的时候，你会觉得这个过程是可以控制的，甚至是一种常规。你很可能根本没有意识到自己已经做了决定，因为是直觉代替你做的决定。然而，当你陷入困境时，不管手头的事情是否重要，你都会觉得一切都变得重要起来。你觉得风险很高，你的直觉被不断攀升的压力劫持，要求你做出正确的选择并取得完美的结果。毕竟，做出决策是让你感到压力重重且无法产生完成某件事的满足感的原因所在。从这一点来说，你给你的决策过程注入了不必要的复杂性。

这种情况必须停止。你的目标是简化你头脑中的想法，而不是把它复杂化。如果你退一步，先确定一下事情的轻重缓急——尽管只是广义上的，你就能将情感从等式中移除出去了。你很快就会意识到，大多数决定都是相对无关紧要的，不配给你带来这么大的压力。通过积极地将低风险和无风险决策与高风险决策区分开，你就能重新收回你大脑皮层中已经让给这些苛刻租户的豪华地产。

当然，重要的是要认识到，一个对某人来说无关紧要的决定，对另一个人来说可能是至关重要的。你如果是一位总统候选人，正在为大选日前的最后一场辩论挑选服装，就得好好想想你该穿什么颜色的衬衫。如果你正在准备参加马拉松长跑，那么为跑步腾出时间可能对保持你的训练计划至关重要。但这些都是特殊情况，不是普遍规律。对大多数人来说，这些事情并不重要。

当你根据风险高低对你要做的决策进行分类时，你可能会时不时地产生疑惑。给这三类决策下的定义并不是面面俱到的——考虑到占满你日程安排的各种各样的事务，那是不可能的。所以你需要再次确认一下。当你判断一个决定是低风险决策还是无风险决策的时候，你可以再问自己以下三个问题，用直觉简单地检查一下，这样就有信心继续下去了。

1. 这个决策是暂时的吗？一周后（无风险决策）或一个月后（低风险决策），你会不会忘记自己曾经做出这个决策？

2. 这一决策对你的金钱、时间造成的影响是否微不足道？对你自己或他人的影响是否微不足道？

3. 不管结果如何，你都能坚持自己的选择吗？

假如你对这些问题的回答都是“是”，那么你在考虑的显然是低风险决策或无风险决策。在下文中，你将学会如何同时应对错失恐惧症和更好选择恐惧症，让你顺利做出这样的决策。但如果你对其中一个问题的回答是“否”，那么你正在做的是一个高风险决策。鉴于其后果的复杂性，面对这种情况时，你需要分别处理错失恐惧症和更好选择恐惧症。你将在第十章和第十一章中学习该如何应对。

## 专注于重要的事情，忘记那些不重要的事情

你有没有问过自己，为什么你难以做出一些并不重要的决定？也许你想知道其根本原因是什么。虽说知道幕后的故事很有意思，但这和本章的目的无关。谁在乎你为什么不能在鸡和鱼之间做出选择？去做决定就是了。对无风险决策或低风险决策来说，

这真的不重要。

为了改变你做事的方式，打破你的旧习惯，你将做出一些乍一看似乎违反直觉的决定：你不该不问青红皂白就一头扎进去，试图立马找到让你优柔寡断的原因。因为这样做虽然满足了你糟糕的冲动，但你需要投入相当多的时间和精力。如果你经常犹豫不决，那么对自己的心理进行一次“法务审计”，会让你的拖延症更严重。这并不是说，理解你自己的行为动机是没有价值的。我们有理由认为，你如果知道是什么让你优柔寡断，就能更好地应对它，这也是你要参与这样一个过程的原因。但搞定它是下两章重点讨论高风险决策时的任务。由于这些决策事关重大，因此你需要花一些时间和精力去更深入地思考驱动你行为的潜在力量。

面对低风险决策和无风险决策时，你千万不要落入优柔寡断的陷阱。为了你自己好，你应该让事情变得简单一点儿。你将专注于行动，你将以完全相同的方式应对这两种恐惧症。记住，你在试图收回宝贵的精神“地产”，而不是让更多吵闹无礼的租户驻扎在那里。从现在开始，你的主要目标是停止浪费时间，清理摆在你面前的各种选项，这样你就可以把精力转移到更重要的事情上。越早行动越好。

## 用决策外包打败两种恐惧症

未来的某一天，你躺在床上奄奄一息。回首过去，你绝对不会去想："如果 2014 年 5 月我住在威斯汀酒店而不是万豪酒店，那该多好啊。"但在 2014 年你预订房间的时候，这个问题也许折磨了你很久。这就是错失恐惧症和更好选择恐惧症令人讨厌的地方。在情绪激动的时候，你很难冷静地思考，你会觉得那些问题重要至极。在各种情绪和疑虑劫持你的直觉并将你推入困境之前，找到一种方法清除它们太重要了。

最行之有效的方法是让自己远离这个过程。毕竟，是你将各种因素纳入决策范围的。一旦将它们移除，问题就不复存在了。鉴于低风险决策和无风险决策的影响有限，不必去规避风险，因为你已经判断出它们是转瞬即逝、影响有限的，你可以承担任何后果。做出决定所带来的轻松感，远远胜过花时间选择最优结果所带来的任何潜在好处。再说，如果你被困住了，谁知道你会被困多久。因此，你最好退后一步，让别人（甚至整个世界，你很快就会看到）为你效劳。这就是你需要把决策外包出去的原因。

业务外包是公司或个人雇佣外部供应商来提供服务，以此减少亲自处理事务的一种方法。无论是一个忙碌的家庭，还是一家忙碌的跨国公司，业务外包都是一种寻求帮助和利用新资源解决问题的战略方法。当你把工作外包出去的时候，你已经粗略地进行了一番规划，并打算集中时间和精力做更重要的事。你认为，虽然自己也可以做这件事，但如果让别人做，你就能降低成本，提高工作效率。这就是大多数大公司会将一大部分呼叫中心业务外包出去的原因。他们已经了解到，当自己做这些事时，成本更高，效率更低，因此他们选择与第三方合作。

当然，如果将时间和资金投入到自己公司的呼叫中心，他们完全有可能自行完成这些任务。如果将人力和财力进行正确的组合，他们的表现也不会逊色，甚至能做得更好。但是他们意识到，这样分散精力的做法是不值得的，没有最优化地、最大化地利用他们的时间。如果他们选择了效率和还不错的结果，而不是追求完美，那么他们的投资回报率会更高。然后，他们可以把资源投入到有可能产生更高回报率的项目。

你也一样。尽管将宝贵的时间和资源用在做一些微不足道的决定上，可能会让你做出更好的选择，但你的投入不会得到相应的回报。对低风险决策或无风险决策的一个小小改进，并不会改变大局。这就是你也需要决策外包的原因。你可以利用外部资源打破僵局、提高效率，降低决策成本。

### 1. 无风险决策：问问你的手表

对于无关紧要的事，任何结果都是可以接受的，因为不存在错误的答案。你所能做的唯一糟糕的选择，就是浪费哪怕一丁点儿的时间去做决定。你只需要做出选择，然后行动。当然，你可以向别人寻求指导，但可能会因为寻求反馈浪费更多的时间。此外，如果你为了这些小事打扰你周围的人，向他们征求意见，那么作为一个领导者，你的信誉将受到损害。如果大家都知道你连小事都处理不好，那么当遇到风险更高的事情时，怎么能信任你呢？你有办法走出这个困境，但得有开阔的胸襟。你将把你的命运交给这个世界，或者更准确地说，把它交给你的手表。

在我上大二时，我的朋友弗朗西斯卡向我介绍了一个方法。这个方法一直挺管用的。一天，我正在宿舍为一件傻乎乎的小事烦恼。这件事微不足道，所以现在我一点儿也想不起来，究竟是什么事让我在大二的某一天如此烦恼。这件事也许是我应该先学习，然后再吃午饭，还是应该先吃午饭，然后再去学习。是的，你看到了，大学时代的我有一个复杂而痛苦的灵魂。

在我犹豫了大约20分钟后，弗朗西斯卡给了我一条救生索。她让我问问我的手表。具体是这样的：先削减选项，直到你可以用一个简单的“是或否”或“A或B”的问题来提问，这就是所谓的封闭式问题。例如，你问“字体应该用11号还是12号”或者“我应该在这家餐厅还是那家餐厅接待客户”，你仍然允许自己考虑多种可能性，但把可选范围限制在了可控的少数几个选项内，并且这些选项都是可以接受的。接下来，你将这些“是或否”“A或B”分别分配到你手表的一半表盘面。例如，“是”对应于表盘的右半部分，即秒针指向1～30的区域，而“否”对应的是表盘的另一半。分好之后，你低头看一下时间，然后按照手表的指示做决定。如果没有手表，你也可以使用手机，根据看到的时间是偶数还是奇数来做决定。如果有需要，你也可以将表盘面分为三个、四个或更多区域，以对应于多个选项。这就是看手表比抛硬币等方法更好用的原因——你可以灵活地增加更多选项。

自从开始“问手表”，我发现在做一些无关紧要的小决定时，不会再消耗大脑容量或卡路里了。这很让人欣慰。说来奇怪，手表似乎拥有无限的智慧，总知道我想要什么。这也是一种让生活变得更有趣的怪习惯。我一直留心，确保自己用这种方法做那些对人生没啥影响的决定，并且从未违反过手表给我的指令。我不知道，假如我违背手表替我的航空餐做出的选择，会有什么后果。我也不想知道。有时当我低头看手表时，发现秒针正好指在 30 或 60 上，这意味着我的手表正在与两种恐惧症做斗争。如果遇上这种情况，我会等几分钟再试一次，并且通常能在第二次时得到明确的答案。

### 2. 低风险决策：授权给你的小分队

低风险决策和无风险决策不同，前者存在一个正确的答案。事实上，低风险决策有多个较为合理的备选项，只是每个选项的潜在结果之间的差异相对较小。你的经验和知识能让这些合理的选项浮出水面，然后你可以设立一些参数，并据此判断什么样的结果是你可以接受的。因此，你能轻而易举地自行做出大多数低风险决策，而不需要向别人求助。

然而，有时候两种恐惧症会让决策过程变复杂。你即使拥有若干完全合理的选择，有时还是无法从中做出选择。在这种情况下，错失恐惧症会让你想做所有的事，而更好选择恐惧症则会让你什么都不想做，以免结果不是最理想的。

与无风险决策一样，你不时会遇到的低风险决策给你提供了将决策过程外包出去的机会。这可以让你摆脱那些浪费你的时间、分散你的注意力、让你内在的控制狂暴露出来的事物。在这种情况下，你需要让你的聪明才智派上用场，因为这些低风险选择确实存在一定影响，并不是完全无关紧要的。

这时，你可以采取的方法是，委托身边有能力为你做决定的人，让对方替你做出决定。你可以向他提出一个封闭式问题，也可以提出一个开放式的问题。后一种情况下，你需要设立一些参数作为指导，明确界限。你要问的问题不应该是“我们应该进行这样的分析，还是那样的分析”，而应该是“你能给我们做一个分析，让我们判断这个项目是否可行吗”。你将授权对方使用你的参数来判断哪些结果是可以接受的，然后让他给出建议。说不定他会给出一个你压根儿就没有想到的好建议。

你如果仔细想想，就会发现身边并不缺少可以帮助你的人。在工作环境中，这些人包括你的同事或行政人员；而在工作环境外，这些人包括你的伴侣、家人、朋友或其他你信任的人——你相信他们是坦诚的，并且会把你的最大利益放在心上。这些人合在一起就是你的小分队。虽然这听上去似乎没什么了不起，但如果你在和两种恐惧症做斗争，那么在做一些低风险决策时，调用这些宝贵的资源来帮助你，也许是非常有用的。你如果在做决定时受到了情感的羁绊，同样可以寻求帮助来渡过犹豫不决的难关。这样做是完全有必要的。

在我职业生涯的早期，我的一个上司——一位名叫苏珊·西格尔的女性——让我明白了授权的价值。当时，我在拉丁美洲做风险投资人，我们 10 个人组成的团队负责数亿美元的资金及该地区的数十项投资。在任何一天，团队成员都有可能分散在美国的纽约和迈阿密、阿根廷的布宜诺斯艾利斯、巴西的圣保罗、墨西哥的墨西哥城等各地工作。我们的机构规模小而分散，要做的事情却很多，几乎没有哪一件事不是靠自己完成的。不管你的名片上写的是什么头衔，你都要卷起袖子，随时准备往前冲，做出自己的贡献。在我上岗几周后，苏珊让我想办法在我们资料库中找出一家公司，为新一轮的集资活动筹集数百万美元，并坐上飞机去干。当时我并不知道，我已经是她那个小分队中的一员了。当她让我出征时，我吓坏了。她为什么要让一个 23 岁的分析师来负责这么重要的事情呢？

苏珊第一次让我走出自己的舒适区时，我惊讶万分。但在我为她工作的 3 年里，这种事情并不罕见。我很快意识到，她会将权力下放给团队成员，迫使他们承担风险，并让他们担负起责任。当时我觉得那件事责任重大，但实际上其风险相对较低。苏珊是个行家，她善于发现错误或预判容易出错的地方。她不会在陷入困境后，才知道我们是否做出了明智的决定。我们可以带着自己的点子（无论是对是错）去找她，她会和我们一起努力，根据经验来指导我们。她唯一不能接受的是，我们处理每天出现在办公桌上的问题时，表现得优柔寡断，或者未能尽职尽责、深思熟虑。

我们的企业文化要求我们行动，坚定果敢地行动，绝对不允许两种恐惧症的存在。

通过把低风险决策授权给别人，苏珊给自己留出更多的时间做那些需要她挑起重任的重要决策。她相信自己的团队成员都能做好自己的工作——毕竟是她聘用了我们，这也帮了她自己。随着经验的不断积累，我们可以为她提供更深刻的见解、更明智的建议，推动公司业务的发展。这种方法对苏珊有益，而我也意识到，她一次又一次地授权给我，是有意在我职业生涯早期开始训练我，让我学会果断行事。她是个无私的领导，这给大家都带来了好处。

将决策权交给你的小分队有几个优点。就像苏珊教我的那样，这样做可以让你腾出时间处理更重要的事情。你如果是一个控制狂，疲于应对一些低风险决策，就不可能在一个要求不低的工作环境中获得成功。此外，领导人必须学会将权力下放，这样可以帮助你组建一个由果断、自信的人组成的团队，这样的人通常乐于运用自己的判断力，乐于获得自主权。

当然，并不是所有决策都是同等重要的。当一个决策的风险相对较低时，你也可以授权给那些缺乏经验的人，锻炼他们，让他们试着做决策。记住，某件事对你来说也许只是小事一桩，对别人——比如职场上的新人或你家中的学龄儿童——来说却意味着重大责任。当你让别人去负责时，他们会获得信心、承担可控的风险并吸取成功的经验和失败的教训。你提供给他们免费的教育机会，让他们知道什么是果断，同时也会让你得到回报。

然而，请你记住，当你授权于人时，你应该设定一些基本的参数，用一个开放式或封闭式问题来定下基本框架，然后与你所授权的人保持开放、顺畅的沟通。毕竟，你的指点可能会在他们难以果断行动时，给他们提供关键性的支持，或者轻轻地推他们一把。

此外，你应该避免到处征求意见。你只需让一个人帮你做一个低风险决策，仅此而已。再多找一点儿事，会让事情变复杂。你如果确实想让更多人参与进来，不妨要求他们进行联名提议。

授权给小分队的做法不仅仅局限在办公环境中，你也可以将同一套策略带进自己的生活中。如果你一直在为去哪里约会、面试时该穿什么衣服或者该把新沙发放在哪儿而烦恼，那么你最好还是别多想了。你花费了太多的时间和精力做出选择，而且你未必是那方面的行家。接受这两个事实吧，这就是你需要别人帮忙的原因。

每个人都有这样的朋友：他风度翩翩；他对城里每一家新开的餐馆了如指掌；在面对日常生活中的挑战时，他总能提供最明智的建议。当你陷入僵局时，你应该求助于这些朋友。当你与他们交流时，你要做好准备，接受并听从他们的建议，这样你就不必为那些不值得你付出心神的事情纠结个没完了。这样做还有另一个好处，你也许会发现，你开辟了一片自己的舒适区。吸取他人的专业知识、提出开放式的问题，能让你学到新东西，并坐享求助于人带来的好处。你只需记住，在某些事情上你也是专家，所以当你的朋友找你帮忙时，你一定要回报他们。虽然你在自己做决定的时候经常和两种恐惧症做斗争，但在帮助别人的时候，你会发现，事情通常容易得多。因为这些选择影响的是别人，所以你会比处理自己的事情时更客观，更不受情绪的影响。

虽然本章列出的这些策略可以帮你高效地做出决定，但它们并不能解决导致优柔寡断的核心问题。毫无疑问，你如果面对的是高风险决策，就需要换一种方式处理。很显然，你不应该依靠手表寻找答案。同样，你如果授权给别人，就是在逃避责任。你需要深入思考、收集数据，然后根据经验和理智谨慎地做出决定。你需要挺身而出。

正如你将在下面两章中看到的，当涉及高风险决策时，你需要慢慢来，先后退一步，思考一下让你无法果断行动的因素。你将分别应对这两种恐惧症——先对付错失恐惧症，再对付更好选择恐惧症。鉴于这些问题的性质各不相同，你如果想克服它们，就需要针对不同问题制定一系列特定的策略。

通过自下而上地解决两种恐惧症，你将更能理解自己为何会陷入困境，然后建立一个知识库。等你将来再处理相同的问题时，这个知识库就能为你所用。

# 第十章

# 错失恐惧症代表行星，而非太阳

伟大的秘密在于优柔寡断。

——没人说过

当你患上错失恐惧症时，你在围着别人的太阳系转，而不是在你自己的太阳系中占据你应有的中心位置。当你的情绪被错失恐惧触发时，一切就清晰起来。你关注着自己的事业，过着自己的生活，突然“砰”的一声，你被什么触发了。你听到、读到、看到或想到的什么东西，让你开始沉迷于你错过的东西。然后，对照焦虑毫无征兆地出现了。当你专注于那些让你害怕错过的事情时，你在无意识中贬低了你所拥有的一切。你并没有感激你拥有的一切美好事物，而是将所有精力聚焦于目前的不足。

错失恐惧症让你基于一堆与现实相悖的观念 —— 自己的人生

并不美好——做出判断。你拥有的事物与你希望拥有的事物之间的差距，让你日渐消沉，压力倍增，感到不快。你花费越多的时间让这些感觉滋生，事情就变得越糟糕，因为现实永远无法与你的想象相争。如果你允许对照焦虑恣意妄为，那么错失恐惧症背后的信息不对称就会变成一种自我攻击的武器。你一旦落入这个陷阱，就会失去信心——即便涉及的只是一些无关紧要的小事。当你面对高风险决策时，它造成的影响会更大。

要在错失恐惧症风头最劲的时候直面它，你必须先处理好认知与现实之间的脱节。只有这样，才能将你的直觉解放出来，你看待问题时才能基于事实，而不是基于一厢情愿的想象。你可以通过处理我们前面所说的两种类型的错失恐惧症，有条不紊地做到这一点。

1. 雄心型错失恐惧症。这是一种由认知驱动、信息不对称促成的错失恐惧症。患上这种恐惧症后，你会觉得，某一事物或某段经历比自己目前所拥有的更好。

2. 从众型错失恐惧症。这是一种由想要被接纳的欲望与想要得到你认为错过了的事物的欲望促成的错失恐惧症。

在这一章中，你将学习到如何运用结构化的决策过程。它将夺走雄心型错失恐惧症和从众型错失恐惧症的力量，让你不被它们影响，独立地做出决定。与此同时，你将学到一套决策本领，而这套本领在本章和下一章你处理错失恐惧症时都会用得上。

## 消除雄心型错失恐惧症中的信息不对称

如果你在欧洲黑暗时代（约 5 世纪—15 世纪）生病了，你就有罪受了。根据你的病症，医者可能会多管齐下：做法施咒，用水蛭放血，服用水银药丸，涂抹动物粪便制成的软膏……更糟糕的是，如果你患有偏头痛或抑郁症，医生会在你的头上钻一个洞，把你大脑的外层暴露出来。[1] 由于缺乏科学的、符合生理健康的疗法，医疗人员只能用信仰和迷信填补空白。值得庆幸的是，科学研究和事实真相早就取代了这些方法。现在，没有一个有名望的医生会开这样的药方了。

这就是真相之美。真相赋予你力量，阻止你做一些毫无意义的事情，让你根据数据而不是推测、情绪或盲目的信仰来判断。但这并不是说，人一定不能相信未知的事物，或者一定不能让心灵支配大脑。有些事情是无法以真相为依据的，和心灵有关的事情总会带上情感成分，宗教问题总是根植于人的信仰，这是不言而喻的。但在应对错失恐惧症时，推测和猜想就像在头上钻洞一样危险。你必须努力在这个由冷冰冰的、不可动摇的、可观察到的真相所构成的世界中做点儿什么，这就是原因所在。

触发错失恐惧症的具体因素可能各不相同，它们所激发的情绪却总是相同的。你发现了一些必须要做的事情，或者必须要拥有的东西。然后，随着雄心型错失恐惧症的出现，你会产生各种各样的感觉，渴望、后悔、忌妒、压力甚至是失败感，然而你究竟错过了什么，你却感觉不到。如果连试都没试过，你怎么知道自己错过了什么？除非你能通灵（黑暗时代的医者最喜欢玩的另一套把戏），否则你脑中所想的事情和现实世界里正在发生（或将要发生）的事情之间存在着一大片真空地带，即使你正在处理的事情是你熟悉的——也许你过去做过这样的事情，但你怎么能确定这次事态的发展和你想象的一样呢？这时候你需要做出一个决定：你是要用白日梦、猜测和臆想填补这片真空地带，还是要用真相填补它？从你让信息凌驾于推测之上的那一刻起，你就开始掌控局面了。

正如你看到的，风险投资家选择了一个需要不断与两种恐惧症战斗的行业。你如果在错失恐惧症的作用下，盲目投入你所看到的一切，很快就会发现自己置身于一群角马中了。你如果任凭更好选择恐惧症阻止你做出选择，就注定无所作为，而且会永远徘徊在边缘地带。为了克服这样的欲望，伟大的投资家会坚守一个清晰的、可复制的程序，从而不断积累日后坚定行动所需的知识。

这就是你要像一个投资者那样思考的原因。你仔细想想就会发现自己已经因为错失恐惧症浪费了大量的时间和精力，却没有得到任何回报。为什么不翻转剧情，利用这些资源做更明智的投资呢？当然，你并不是一个受错失恐惧症驱使的角马型投资家——他们捣鼓的是别人的钱，或者他们太有钱了，根本不在乎自己是否会赔本，是否会丢掉自己的原则。但是你要仔细考虑考虑，毕竟，这是你的时间、金钱和精力，不是别人的。在你开始考虑之前，了解一些能给你带来指导的基本规则很有必要。

| 在做高风险决策时克服错失恐惧症 |
| --- |
| 保持开放的心态：不要纠缠于任何让你害怕的东西，也不要假定会出现某个结果。 |
| 知道什么东西重要：设定一些标准，判断一个机会是否符合你的标准。 |
| 依赖事实，而不是情感：在做决定之前，收集足够多的数据。 |
| 从多个来源收集数据：不要在真空中做决定。从你周围的人，尤其是从你最信任的人那里获取信息和建议。 |

现在你已经了解了一些核心指导方针，是时候开始将错失恐惧症从高风险决策过程中驱逐出去了。

**第一步：明确问题**

第一步是清楚列出让错失恐惧症发作的选项或机会，这对设定标准和收集数据是至关重要的。花点儿时间理清思路，然后把你想问的问题以最直接、最简洁的方式表达出来。你的问题应该是这样的："我应该去加利福尼亚州面试吗？""我是否该辞职创业？"

**第二步：设定标准，构建决策结构**

想要做出任何决定，都必须先设定一些参数，这些参数会帮你判定某个机会是否符合你的标准。这需要你设定一些基本标准。在设定标准时，尽量让需求列表简洁一些，同时应该包含以下5个方面的关键问题：

1. 我能证明这个选择是正确的吗？我能列出至少5个我想拥有这一事物或做这件事的理由吗？

2. 我买得起它吗？得多少钱？我的钱还能用来干什么呢？

3. 我能在不牺牲其他更重要的目标的情况下做出这个选择吗？我有时间吗？我的时间和精力还能投入到什么地方呢？

4. 我如果选择了它，能看到清晰的回报吗？我能得到什么？是切实的回报，还是情感上的回报，抑或两者兼有？

5. 我能做到吗？这个机会对我来说是否可得，或者我是否应该关注其他同样具有吸引力且更现实的机会？

### 第三步：收集数据

克服雄心型错失恐惧症的关键是在思考时要摒弃情绪，将思维与数据、分析挂钩。当一个投资者试图确定某个机会是否符合他的标准时，他会进行尽职调查。这基本上等同于为了考试而学习。你对相关知识的掌握，应该达到类似“如果教授或老师点了你的名，你可以立即站起来给大家讲解一番”的程度。在进行尽职调查时，你会提出一些尖锐的问题，收集尽可能多的信息，并试图消除影响你判断的信息不对称。当你进行这项练习时，你不该在真空中行动，而应该试着联系其他人，尤其是那些有相关专业知识的人，以开阔你的视野。但你要注意，不要到处征求意见，只需找到一定的优良资源即可。你可不想把拖延伪装成进步。

### 第四步：记录下来

进行了必要的调查后，你将翻开新的一页。当投资者进行尽职调查时，他们会做一份备忘录，记录自己的发现，然后根据这些信息得出一些结论。虽然你可以在头脑中回答上面列出的问题，但你要记下你的答案。在某种意义上，这就相当于记下你的调查备忘录。把你的想法写在纸上，有两个明显的好处：首先，写在纸上能使你的想法变得更具体，迫使你深入地思考你的逻辑过程。从你把答案写下来的那一刻起，它们就变得具体起来，这样你就不会含糊其词了。其次，你要保留这些内容，以备将来参考。如果你决定继续行动，投入时间、精力或金钱去做那件让你害怕错过的事情，你可以在未来重新审视当下做出的分析。通过了解你的尽职调查和决策过程的效果如何，你可以在下一次做调查和决策时做出改进。

### 第五步：进行初步判断

我哥哥曾经给过我一条很有价值的忠告：在这个世界上，你唯一能控制的就是你对周围发生的事情的反应。通过尽职调查，你的思维变得更加精确，你正在掌握控制权，正在尽可能地消除信息不对称，以便做出有理有据、不受情绪影响的决定。比如，你如果找不到 5 个去参加面试的理由，那就不要去。或者，你没有资金或时间去创业，虽然在你的心中，你也许仍然希望自己可以去追求那个梦想，但你的头脑知道，目前这是不可能的，现在是时候翻篇儿了。你即使不能明确地回答所有问题，掌握的信息也会比先前多。另外，如果你不能回答这些基本问题，这足以说明你需要做大量功课，才能缩小认知和现实之间的差距。

现在，你可以根据你的工作得出一个初步的结论了。如果答案是否定的，那么整个过程就此终结。经过你的一番努力，你的雄心型错失恐惧症就此消失了，那就没有必要继续下去了。如果你仍然不确定，或者你认为答案是肯定的，那么你将进入第二阶段。现在，你是时候通过问自己最后一个重要问题，来应对你的从众型错失恐惧症了。

## 终极勇气测试：你能避开盲从之众吗

当你还是个孩子的时候，你的父母、老师和流行文化都会苦口婆心地提醒你：要做你自己，要找到自己的路，永远不要屈服于来自同辈的压力。这也是几乎所有迪士尼电影的主题，无论是《小美人鱼》中的阿里尔，《美女与野兽》中的美女，还是《寻梦环游记》中的米格，主角的人生轨迹都要求他们不去理会那些爱给别人泼冷水的人，避开盲从之众，学会做自己。你的母亲可能给了你同样的信息，她总是提醒你要做你自己：如果别人从桥上跳了下去，难道你也跳下去吗？做自己需要很大的勇气，但你牢牢记住了她说的话。你试着做你自己，即使这并不容易。同时，你也明白，有那么一点儿与众不同，有那么一点儿我行我素，并没有什么关系。

讽刺的是，错失恐惧症会让你之前所有的努力都付诸东流。在你意识到这点前，你就回到盲从之众的行列中了，回到那个你曾经努力想要逃离的地方。现在，你面临的风险甚至更高。青少年时期的你深受运动员和啦啦队队长之害，但那是你自找的，而现在，外面那些公司、名人、网络红人都在试图操纵你。他们想拿走你口袋里的钱，操纵你的思想，摸清你的喜好，他们会耍各种手段达到目的。你觉得自己是他们的粉丝吗？我可以向你拍胸脯保证：他们肯定会这样做。这就是随波逐流的症结所在。它让你无心做自己应该做的事情，让你把注意力转移到其他人在做的事情上，引诱你做出完全不真实的选择，阻碍你把全部精力投在最符合你内心罗盘的那条道路上。

你最糟糕的状态、最惨的境地是，为了自己根本不想要的东西而被错失恐惧症裹挟。你已经从别人——无论是社交媒体上的网络红人，还是周围影响你思维方式的人——那里得到了不少提示，你的判断现在变得模糊不清了。你哪怕最终得到了想要的，仍然会感到痛苦，这是一个非常可怕的结果。所以，在打败错失恐惧症时，仅仅解决雄心型错失恐惧症是远远不够的。在你做出任何高风险的决定前，你必须问自己一个问题：我真的想这样做，还是只是在随波逐流？

这是一个勇气测试。它能让你的尽职调查变得可靠，让你脚踏实地，并确保你不会追逐盲从之众的梦想。它重新将你与你的价值观、你最关心的事绑在一起。有时候随大溜是可以接受的，但是你如果打算这么做，就应该清楚自己在做什么，为什么要这么做。

让你躲开盲从之众的一个可靠办法是，你得保证，从一开始你就不是他们中的一员。如果你身边人的外表、行为和想法与你差不多，那么你很可能已经迈入危险区域。因此，你即使非常努力地根据是非对错来做决定，也有可能模仿那些和你世界观类似的人。结果，一种普遍的群体思维倾向，可能会在你意识不到的情况下把你拉回盲从之众的行列。所以，当你做决定时，向和你不一样的人寻求建议，这点很重要。

珊琳·马（Shan-Lyn Ma）是在线婚礼登记网站 Zola 的联合创始人兼首席执行官，该公司是美国发展极快的电子商务公司之一。该公司已融资 1.4 亿美元，并在 2019 年被《纽约时报》列为独角兽公司。珊琳·马成功的秘诀在于：她坚信，多样化的高管团队会做出更明智、更创新的决策。因此，在招聘人才时，她从一开始就强调性别、种族、宗教和性取向的多样化。该公司的半数以上高管都是女性，在科技公司中，这个性别比例是一个例外。她相信，多元化是其公司的核心竞争力之一。由于拥有不同于其他竞争对手的 DNA，Zola 能以不同的方式进行思考，避免从众，进而在一个由大公司、大企业主导的行业中迅速抢占市场份额。

现在你已经进行了尽职调查，并用你的标准检测了调查结果，验证了你的推理动机，你已经准备好做出决定了。你已经完成了一个清晰的、结构化的分析过程，已经拥有果断行动所需的信息了。这是好消息，对吧？虽然从理论上说，你似乎战胜了错失恐惧症，但你要做出重大决定也许依然很难，即使你已经采取了正确的步骤。你即使仍然处于困境中，也不要担心，因为这个问题是可以解决的。

## 如果仍然处于困境中怎么办

假设你已经采取了本章中提到的所有建议。为了打败雄心型错失恐惧症，你已经进行了详尽的调查，研究机会、收集数据，并通过与别人讨论填补了你分析中的漏洞；为了避免从众型错失恐惧症，你也仔细分析了影响你心态的各种动机。最后，你把一切都记录了下来，并进行了云备份，这样你就可以保存这些资料，以备将来参考。做得很好！你现在已经有了清晰的思路，可以坚定地做出绝大多数高风险决策。然而，假设你仍然处于困境中，该怎么办？

虽然你仍然会犹豫不决，但你现在所处的位置与你开始这一过程之前已经大不相同了。你已经花时间思考了基本原理和动机，并且收集了数据来支持你的主张。因此，你已经大大消除了信息不对称，规避了不少风险。你无法拥有全部信息，也不能预测未来，但你要睁大眼睛，相信你的直觉，此时，错失恐惧症已经让位给惰性了。你既然一直在给自己找理由说“不”，却没有找到一个说得过去的理由，就应该放心地说“是”。是时候去努力争取了。做任何决定都需要承担一定的风险，而你现在处于有利位置，完全可以放手去做。

你如果遵循了这样一个严谨的程序，就不会轻易屈服于错失恐惧症。相反，你会顺应自己的错失恐惧心理，从中吸取教训，然后经过深思熟虑判断出这一次的错失恐惧心理是一种有益的力量。事情不尽如人意的风险总是存在的，这就是生活。在生活中，你总要面临一定程度的风险。重要的是，你的决定是你自己做出的，而不是你的错失恐惧心理代替你做出的。如果你仍然不确定自己是否已经准备全情投入，可以考虑先从小处着眼，先试试水，在全身心投入前，看看每日进展情况。正如你将在第十三章看到的，你可以顺应自己的错失恐惧心理，并在业余时间追求你的一些兴趣，让错失恐惧症为你所用。

现在，你已经有了一整套工具来管理你的错失恐惧症，是时候去应对更好选择恐惧症了。你如果患上了更好选择恐惧症，就不愿意冒任何风险，没有什么可以让你行动起来。虽然你在本章学到的一些策略在下一章仍然适用，但是你想要完全克服更好选择恐惧症，还需要一种专门针对如何做出决策的独特方法。你很快就会发现，错失恐惧症根源于人的情绪，而更好选择恐惧症和过程有莫大的关系。

# 第十一章

# 选择行动，舍弃选项值

“每一个决定”都会遭遇被已排除的选项威胁的风险，其中不少可能比被选中的选项更好、更真实。

——保罗·蒂利希（Paul Tillich）

如果说，世界上有一个人了解更好选择恐惧症，那这个人一定是雅埃尔·梅拉米德（Yael Melamed）。大学毕业后，她开始在战略咨询领域工作，然后判断接下来合乎逻辑的一步是攻读工商管理学硕士和法学博士。那时，雅埃尔完全不确定她这一生想做什么，所以她决定广撒网，全面出击。她认为，她如果能同时获得工商管理学学位和法学学位，就会有很多选择。在一个充满不确定性的未来，意外会让人心生恐惧，而选项值则提供了抵御恐惧的屏障。当她被诊断出皮肤癌时，一切都变了。刹那间，她意识到自己全搞错了。现在，她面临着一个严峻可怕、充满不确定性的时刻，她哀叹自己花了太多时间建立自己的履历以及随之而来的选项值。尽管她在选择丰富的日常工作（她的同龄人都是这样做的，而且她的表现也很出众）中表现出色，但她从来没有搞清楚自己真正想从生活中得到什么。

面临危机时，你要么一败涂地，要么把挫折当作做出重要决定的机会。在得到诊断结果后，雅埃尔花了很多时间思考她以前所做的那些选择，或者说，她可能无法选择。幸运的是，她患的癌症是可以治愈的，做了一次手术后，她就恢复了健康。尽管如此，年纪轻轻就有了这种可怕的经历让她意识到，她不想带着恐惧和遗憾生活。她现在信奉人生苦短，要快乐地度过每一天。因此，她决定继续追求自己心仪的职业，做一名心理咨询师兼高管培训师。这个新的职业让她每天都能帮助别人找到自我，并调整他们的人生。

提醒一下，更好选择恐惧症的特征是两种截然不同但力量强大的欲望的较量：坚持追求更好的东西，保留选项值。你想在做高风险决策时承受住双重压力，就需要审视一下，目前你是如何做出人生中的重大决定的。然后，你要调整你的方式方法，使其更加奏效。这并不意味着你为了解决问题而抛弃所有的规范和标准。你如果担心更好选择恐惧症的解决方案是满足于任何事物，那么不要害怕。事实证明，更好选择恐惧症和你的决策过程（而不是你的最终目标）关系更大。想得到最好事物的心态是可以接受的，但你必须注意，你是如何得到它的。

当你觉得自己患上了更好选择恐惧症的时候，重新审视一下眼前正在发生的事情，能给你带来不少启发。你还记得吧，这种恐惧症源于对拥有最好事物的渴望，以及对得到屈居其次的事物的厌恶之情。说到这一点，加拿大滑铁卢大学的研究人员在最近的一项研究中，以一种相当有意思的方式重新阐释了更好选择恐惧症。[1] 该文作者认为，追求最优解时产生的消极后果，并不是由追求最优解这一最终目标所造成的，而是人们在寻找备选项的过程中产生的连带后果。

简单地说，如果想避免患上更好选择恐惧症，你就必须把想要得到的事物和为了得到它而去做的事情加以区分。具体地说，你必须避免一种诱惑，就是一再回顾那些已排除或忽略的选项。这种反复考量各种选项的行为是非常有害的，即使你没有意识到。每当你重新考量一个已放弃的选项时，就是在用行动换取选项值。从心理上说，这种行为相当于不停地换电视频道，寻找更好的节目，即便你已经看到了好节目。你如果觉得不断换电视频道令人沮丧，那么不妨想象一下：假如你做每一个重大决定都这样反复不定，会是什么样的感觉？

更好选择恐惧症的真正起源是保护选项值的欲望，而不是追求最优解的本能吗？仔细想想，这好像说得通。许多卓有成效的领导者力争上游，但他们从不向更好选择恐惧症屈服。优秀的领导者始终追求卓越，而不会停滞不前。他们在追求最佳选项的同时，还会做出承诺，因为他们不会在决策过程中陷入困境。他们接受这样一个事实：必须判断出自己是否有成功的机会。他们也明白，为了继续往前走，他们必须放弃其他选项。

你如果以他们为榜样，就必须接受这样一个事实：你不可能拥有一切，必须放弃其他选项，只保留一个选项。这不是一种无痛的经历。当你排除其他选项的时候，你会遭受一些小小的损失，这就是排除选项的副作用，因为其中一些选项可能非常诱人。你甚至可能会感到悲伤——《钟形罩》中的所有无花果都堆在你的脚边。除非你能够接受这些损失并继续前进，否则你仍将陷入困境，面对着阻挡你前进的岔路举棋不定。因此，在做高风险决策时克服更好选择恐惧症是需要一个过程的。在这个过程中，你需要排除各种选项，并愿意放弃它们。只有这样，你才能把你的选项减少到最后一个，然后坚定地选择它。

## 如何整理你的思维

你如果准备接受你不可能拥有一切的事实，就必须先找到一个办法来处理每一个未被探索的选项，然后才能做出最终的选择。即使你充满信心，相信自己不乏更好的选项，在放弃任何一个选项时，仍然障碍重重。排除各种可能性会让人沮丧，尤其是当你习惯性地认为自己可以并且应该拥有一切的时候。你如果不能充分利用选项丰富的环境，那么生活在这样的环境中又有什么意义呢？问题是，你生活在混乱中。就像你不想在衣柜里塞满一大堆永远都没有时间穿的衣服一样，你也不想用各种选择和机会塞满你的大脑。你制造的杂物越多，就越不喜欢它们。

如果你想消除头脑中的混乱，可以向日本收纳达人近藤麻理惠（Marie Kondo）学习。善于收纳整理的近藤麻理惠堪称全球家庭整理女王。消除杂乱的近藤麻理惠整理法包括两个关键点：首先，你如果想简化你的生活，就应该把你拥有的所有物品归置在一起，然后丢弃不能给你带来快乐的东西。[2] 其次，在丢弃任何东西前，你都应该感谢它对你所做的贡献，这样你就不会因为扔掉它而感到内疚。当你试图排除一个个选项时，尤其是当你试图将你赋予选项值的心理价值抛到脑后时，第二点尤其适用。

近藤麻理惠的方法虽然听起来似乎有点儿怪怪的，但很有趣。你还记得吗？更好选择恐惧症是一种“富贵病”。你如果没有选项，就永远不必担心自己会犹豫不决。因此，首先你要意识到，你有这么多选项，是十分幸运的。虽然此刻你没有足够的空间容纳它们，它们让你感到困惑，让你停滞不前，但你仍然要心存感激。如果你承认这一基本事实，那么放弃你不需要的东西会更容易，并且你不会感到内疚或遗憾。正如你可以用近藤麻理惠整理法整理你的衣橱，你也可以用这种方法整理你的思维。

整理思维时，你需要一些背景音乐来让自己高兴一点儿，也可以从歌手、词人、网络红人身上寻找灵感。比如，和我一样，从爱莉安娜·格兰德身上寻找灵感。你如果认为她的热门歌曲《谢谢你，下一位》就是在高调宣布她与喜剧演员皮特·戴维森（Pete Davidson）分手，就错过了歌词中真正的信息。这首歌实际上是反更好选择恐惧症的终极战斗口号。格兰德用这首歌告诉人们，每结束一段关系，她都会从中学到什么。在这个过程中，她意识到自己最重要的人际关系，就是与自己的关系。这首重复了“我太感谢我的前任了”6遍的歌曲，深刻地传达出了这一信息。同样的，削减一份长长的备选清单，让自己做出决定，也是一个很棒的策略。想要排除这些选项，你必须做好准备，一个接一个地排除它们，然后选出最后的优胜者。你不能回头，不能做事后诸葛亮，不能后悔。你需要一直往前走。

在雅埃尔·梅拉米德试着从多个选项中做出选择时，她有自己的“谢谢你，下一位”策略：她不是思考一个选择是否“足够好”，而是自问“这个选择是不是也相当不错”。通过这种方法，她不再基于一些抽象、理想的目标来衡量每个决策，而是根据每个选项本身的优缺点来评估它们。当你关注一个选择的积极面而不是消极面时，你更可能对自己的最终决定感到满意。

虽然近藤麻理惠、爱莉安娜·格兰德和雅埃尔·梅拉米德的策略都给我们带来了启发，但你从面前的所有选项中进行筛选，并不断抛弃一些选项，未必是一件简单的事情。当信息不对称时，进行预测可能会很困难，而且很难收集资料给你的决策提供帮助。在处理数据问题时，你必须接受这样一个事实：人生不是实验室。数据未必总是黑白分明的，你永远无法真正预测未来会发生什么。

另外，当你得了更好选择恐惧症的时候，你很容易变得优柔寡断，所以当你收集信息的时候，你基本上就是在采集氪石。

因此，高风险决策通常没有简单的答案，你也没有魔术子弹可用。你必须系好安全带，直面它们。要想做到这一点，你先要明白，这可能需要几小时或几天的努力，而不是区区几分钟就能办到。基于更好选择恐惧症的性质，你必须思考过程，而不仅仅思考结果。正如你在上一章中看到的，制定一个清晰的策略会让你的思维变得严谨，同时让你更有效率、更有成果。这值得你投入精力，它会给你带来回报：你可以一再遵循同样的步骤行动，就像学习任何技能一样，你将在前进的过程中不断完善和改进你的方法。

## 变果断是一个过程

现在你已经明白，面对选项值时，该如何改变你的思维方式。你已经做好准备，在做高风险决策时，将新的思维方式付诸实践。在一定程度上，克服更好选择恐惧症需要你不断历练。随着你的人生阅历、专业知识变得丰富，过去那些令你感到畏惧的问题突然之间就能得到合理的解决了，就好比在繁忙的高速公路上将你的车融入车流。

当你的车刚驶入车流时，你会觉得你开的是一辆小型摩托车，而其他人开的都是最先进的电动汽车，你偏离方向、撞车的概率非常高，危险极了。随着经验的增长，你身上会发生两件事：第一，你更有可能做出明智的决定，比如把摩托车换成更好的车，甚至有一天你会拥有一辆期待已久的奥迪电动汽车——如果奥迪会推出电动汽车的话；第二，在你眼里，一切都没有那么恐惧了，20 岁时你当成赛车的东西，10 年后在你眼里不过是火柴盒（Matchbox）玩具车。从长远来看，生活中遇到的诸多挑战和你解决它们的能力之间的差距将不断缩小，直到它们不再成为障碍。经验让一切变得不同。

在做高风险决策时，你应该如何让经验曲线上移呢？在上一

| 在做高风险决策时克服更好选择恐惧症 |
| --- |
| 保持开放的心态：不要在还没有开始之前就喜欢上任何可能的结果，否则你很难从众多机会中排除其他选项。 |
| 知道什么东西重要：明确你想要达成的目标和你认为可以接受的结果，并列出与这一结果相关的标准。 |
| 依赖事实，而不是情感：在做决定之前，收集所有你需要的信息。 |
| 从多个来源收集数据：不要在真空中做决定。从你周围的人，尤其是从你最信任的人那里获取信息和建议。 |
| 记住，你是在选择最好的，而不是排除最差的：当你确定所有选项都可以接受后，你的决策过程就是确定最好选项的过程。对更好选择恐惧症患者来说，排除选项、放弃其他机会是非常困难的。因此，你应该坚信你的选择是明智的，并据此做出决定。 |

章中，你学习了如何进行尽职调查，以确定是否要把握某个机会。你将再次使用这种方法来克服优柔寡断的毛病。然而，这一次你将从不同的角度进行分析。

与应对错失恐惧症不同的是，这回你不必判断某个选择或机会是否符合你的标准。相反，当你患上更好选择恐惧症的时候，你遇到的难题是，你已经有太多好的选择了。如果你只能选择其中之一，就必须将选项缩减到一个，这是一个过程。为此，你需要遵循前一章中所学的一些原则及新规则，确保不会一心想要保留选项值。

当你内化了这些基本原则后，你就可以继续进行决策了。

### 第一步：明确问题

你必须清晰地提出一个问题，以找出让更好选择恐惧症发作的事端，这对你的整个决策过程至关重要。你的目标是简明、清晰地表述你将要做出的决定，例如“我应该买这 4 辆车中的哪一辆”或者“我应该聘用这 8 名候选人中的哪一位”。

### 第二步：设定标准，构建决策结构

和之前一样，你将设定一些基本的参数，以判断某一机会是否符合你的标准。记住，想要取得最优结果也是可以的。你需要确定什么对你来说是重要的，这样才能根据实际情况做出决定。也就是说，你最好避免设定太多容易导致优柔寡断的标准，令决策过程过于复杂。你如果不能根据少于 10 个的评判标准做决定，就很难做出取舍。在这种情况下，你必须删减标准。

### 第三步：收集数据

当你进行尽职调查时，你需要收集信息进行核实，以保证每个选项的确具有吸引力，就像你在上一章做的那样。当你依赖于事实和数据来消除信息不对称时，你得确保每一个潜在的决定都是相当不错的。如果哪一点不符合你的基本标准，你就把它排除在考虑范围外。

### 第四步：暂定一个最优选项

走到这一步，你已经做了大量功课。因此，你可以凭着直觉从剩下的选项中暂定一个最优选项。既然你已经确定所有选项都是可以接受的，那么找出你最喜欢的选项没有什么坏处。你可以相信自己的直觉，选出一个你认为对你最有利、最让你兴奋的选项。这将是你的基准——你的暂定最优选项。即使你的直觉不够完美，你也不会有损失：剩下的选项都“足够好”，它们一定能达到你的标准。

### 第五步：系统化地排除较差的选项

将每个选项和你的暂定最优选项进行比较。如果哪一个选项比不上这个最优选项，你就像格兰德一样，对它说“谢谢你，下一位”，然后将它排除在考虑范围外。对更好选择恐惧症患者来说，排除选项、放弃机会是非常困难的。你只要遵照这个流程，就能在两个选项中选出更好的一个。

请你继续遵照这个流程，将每个备选项与暂定最优选项进行比较并二选一。在此过程中，你可以随时更换你的暂定最优选项。最优选项并不是永久不变的，所以如果你决定更替最优选项，就必须把它淘汰。你将重复这个过程，直到只剩下两个选项：你的第一选项和第二选项。只有当你发现你的第一选项由于某种原因不再可行时，你才会考虑第二选项。

在整个过程中，你应忠于一个重要的、不可放弃的原则：一旦你排除了一个选项，它就一去不复返了。你不会再考虑它，也不会为失去它感到惶恐。你如果一再回顾同一选项，就有陷入更好选择恐惧症的风险，所以你要不惜一切代价避免这种诱惑。

### 第六步：记录下来

就像你在上一章做的那样，你将写下备忘录，记录你这样选择的依据和原因。把你的想法写在纸上，可以说服你自己：你的考量是深思熟虑的、全面的。这样做也能帮你抵制给所有选项排序的诱惑。与此相反，你会单独考虑每一个选项，然后根据其优劣将其保留在你的备选清单中，或者将其删除。你一旦开始给选项排序，就有可能让评估过程变复杂，并再次诱发你的更好选择恐惧症。

## 如果仍然处于困境中怎么办

你如果无法将备选项删减至寥寥数个，或者无法给最后剩下的两个选项排名，就该召集智囊团了。

风险投资公司设有投资委员会，投资委员会负责审查每一项投资决策，反复核查，提出让申请投资方难以回答的棘手问题，然后决定是否批准某一项投资。听取别人（尤其是那些消息灵通、希望你过得好的人）的客观建议，可以为你提供新的视角，并让你在下决定前有机会进行最后的勇气测试。

在选择智囊团人选的时候，要注意人员的多样性，这样你才能从各种各样的观点和想法中受益。为了避免不必要的复杂性，你的顾问最好不要超过 5 人。此外，尽量让顾问的数量构成奇数，只有这样，在需要投票表决时才不会出现平局的场面。

尽管存在一定风险，但你基本上可以放心地依靠这些局外人做出判断。现在你要对付的是更好选择恐惧症，所以你要从多个可接受的结果中进行选择。你已经到了这样一种地步：尽管你已经做出了诸多努力，但剩下的几个选项相差无几，使你陷入困境。现在是做出决定的时候了，你如果无法做决定，就必须寻求帮助。在这个过程中，你有机会解释一下，你是如何筛选出最后剩下的几个选项的。这时别人也许会问你一些追根究底的问题，这些问题会使你重新考量你做出的预测，甚至让你改变想法。这是相当自然的。但是你必须用原来的标准权衡这些新的信息。除非有什么重大的变化，否则新信息可能会沦为导致你犹豫不决、延迟行动的特洛伊木马。

即便你做出了决定，你的工作也没有结束。鉴于风险投资家不应该美化他们的决定，你也不应该。一旦他们做出决定，很多意想不到的事情就会发生。他们必须继续参与其中，保持专注，随时准备应对自己的行为带来的后果。事实上，那些投资者每年都会回顾他们手头的备选公司资料，并将每家公司的业绩与他们投资时所做的假设加以对比。你也可以采用类似的方法，时不时重新审视你的决策并从中学习：你做对了什么，做错了什么？谁给了你不错的建议，谁让你走错了路？如果可以重来，你会做什么改变？

就像投资一样，决策总是伴随着风险。因此，在进行决策时，你应该明白：你的选择和逻辑可能会被证明是完全错误的。你需要不断积累自己的“未投资公司资料集”，那些糟糕的决策和可怕的错误会让你得到深刻的教训。你会意识到，在今天看来似乎合情合理的事，一年后可能就不再合情合理了。你即使走错了路，如果足够果断，也可以运用上文所述的策略破解下一个僵局，或应对下一个挑战，朝着新的方向迈进。

现在，你已经有了强大的工具，让你能够集中精力，坚定地做出决策。你正走在克服这两种恐惧症的道路上。但是，你不管取得了多大的进步，都必须保持警惕。穿梭于人世间，你总会遇到一些干扰，其中大部分是科技带来的干扰。它们会诱惑你，阻止你继续进步。因此，你需要准备更多的工具。下一章将为你提供一些策略，帮助你消除各种噪声，专注于重要的事物，避开那些不重要的东西。

# 第十二章

# 放弃不重要的东西

人有不为也，而后可以有为。

——孟子

一旦你知道自己真正想要的是什么，下一阶段的工作就开始了。为了做出一个选择——只是一个选择，你可能已经做了你需要做的一切。你现在感觉好极了。你做到了！你很果断！不过，此刻我不会送上真诚的祝贺，而是要向你发出警告：现在你还没有脱离险境。这是因为，这个世界一直想方设法让你相信：你搞错了一切。每天，无论你是否意识到，你都要遭到大量广告、帖子、通知、文章、对话或其他信息的狂轰滥炸，让你时刻分心分神，无法专心处理重要的事务。这真让人难以承受。

就在我写这篇文章的时候，我还在克制自己的冲动，比如休息一下看看新闻，看看有没有新消息，刷刷推特，或是回复刚刚出现在手机屏幕上的瓦次普（WhatsApp）消息。同样，当你读到这篇文章的时候，你也面临着各种刺激物的狂轰滥炸。虽然屈服于诱惑、开个小差，可能会让你学到新东西、唤醒新的兴趣，或是为你未来的行动找到灵感，但最有可能的结果是，大量的信息诱发了两种恐惧症。原本确信无疑、合情合理的决定，你突然觉得有点儿草率了。你感受到了一阵疑虑带来的剧痛——也许你应该重新审视你的选择？你尽管已经尽了最大的努力，但还是被拖进思想斗争中。你想看个明白，却不能，因为优柔寡断再一次准备蒙蔽你的直觉。

一旦你选定了真正想要的事物，就必须找到放弃其他事物的力量。这是一种预防药，它让你能在一个试图不断破坏你的努力、让你无法抵挡两种恐惧症的世界中游刃有余。当你学会放手后，你就能专注于真正重要的事情。为了摒除各种杂音，做好成功的准备，你可以采取以下两种行动：可控地改变一些行为，合理利用科技。它们完全在你的控制下，并且可以帮助你集中注意力。

1. 可控地改变一些行为。你将扫除一些阻碍你做出选择的日常障碍，这意味着你要控制所有会让你误入歧途的因素，比如不断获取信息、对照焦虑、选择过剩和自恋心理。为了做到这一点，你的行为和心态需要做出实际的改变，只有这样，你的思维和行为才会不同于过去。也就是说，对生活在现代社会的人来说，奉行不可持续或不切实际的战略是没有意义的，没人指望你是一个勒德分子（19 世纪初参与捣毁机器行动的英国手工业工人）。书中提出的每一个解决方案，都默认我们生活在数字世界中。为了成功，你必须学会管理科技，而不是排斥科技。

2. 合理利用科技。你还要仔细、冷静地思考一下该如何利用科技。在某些情况下，你可以降低让自己暴露在科技制造的噪声中的概率，甚至让概率降低至零。例如，你可以选择将一切电子设备搬出卧室，把某些应用程序从你的电子设备中删除，或在一天中安排出一段不受干扰的时间。你也可以欣然接受这些数字工具，让你的时间更有价值，或改换其用途。从冥想应用到数字健康工具，有许多新的科技产品和应用程序可以让你摆脱干扰、更加清醒、重新集中注意力。这些选择和策略有助于让生活在花花世界中的你找到自己的焦点。

## 争夺注意力的史诗级战争

在诱发人们的错失恐惧症和更好选择恐惧症，并让他们深陷其中无法自拔的问题上，科技起到的作用是显而易见的。互联网的发展所导致的信息超载和各种社交媒体的出现，重塑了你的生活方式、工作状态以及你与同龄人（他们也是错失恐惧症患者和更好选择恐惧症患者）的交往方式。即使你已经做出了决定并采取了行动，刺激源仍然存在。它会提醒你所有你可能错过的东西，提供给你一系列可能更好的选择。虽然这样的变化在很大程度上是由互联网导致的，但一部分企业应该为这种局面负责，因为这些企业的产品决定了人们如何在网络世界中遨游。目前一些领先的科技公司在控制力、影响力和价值方面的大幅提升是不可低估的。苹果、阿尔法特（Alphabet，谷歌母公司）、亚马逊、腾讯、阿里巴巴和脸书等公司，常年居于全球市值最高的十大公司之列。[1] 让它们大获成功的商业模式是这样的：利用人的心理垄断我们的注意力，然后将其贩卖给广告商。

这些公司之所以能够取得成功，很大程度上是因为他们制造了某些产品。这些产品会慢慢地渗透到你的日常生活和思维意识中，直到有一天，你再也离不开它们了。它们被设计成了不可或缺的产品。仔细想想，你手机上的闹钟就像特洛伊木马。闹钟是人们一开始会把手机带进卧室的原因之一。这种看似无害的行为，会导致人们在半夜才停止查看电子邮件、新闻和消息。你可以称这些功能为“易成习惯的”，也可以称它们为“易上瘾的”，但不管怎样，它们都会迫使你花大量时间盯着屏幕。

在互联网时代早期，大多数人都忙着让自己的头脑被这些新潮的、酷酷的、基本免费的产品占据，却无暇担心它们的长期影响。数字工具让每个拿起手机的人都觉得自己生活在一个选项丰富的环境中，这简直太神奇了。然而，最近风向变了，人们已经意识到自己被电子设备束缚住了，并且自己的身体、精神和情感健康都在为之付出代价。

大型科技公司已经收到了这一信息。2018 年 5 月，谷歌的首席执行官桑达尔·皮查伊（Sundar Pichai）在谷歌 I/O 大会（谷歌公司的网络开发者年会）上发言。[2]他宣布，未来谷歌会将数字健康的概念引入其产品中，并明确指出了他的公司在诱使集体错失恐惧症爆发上所做的“贡献”：

> 根据我们的研究，我们知道人们觉得自己被电子设备束缚住了……人们被要求立马对刚刚接收到的信息做出反应，由此产生的压力越来越大。人们急于了解外面的所有信息。他们害怕错过什么好事。对此，我们认为我们可以做得更好。

皮查伊随后宣布了一种新的思路，这种思路将在谷歌的每一个平台上体现出来，其中包括提供监控你的在线时间、分析你的行为、帮助你理解你的习惯、让你离开电子设备等服务的各种工具。几周后，苹果公司推出了一系列数字健康功能，包括增强版的“免打扰”功能，消息推送变更功能，报告你花多少时间看电子设备的功能，等等。

虽然已经有一些工具专门用来对付错失恐惧症，但在触发更好选择恐惧症方面，科技的影响可能也不小。毕竟，应接不暇的信息和丰富多样的选择（两者都是大多数科技公司经营模式的核心）是更好选择恐惧症的强大助力。虽然谷歌和苹果公司目前还没有提到更好选择恐惧症，但我猜他们将来很可能会考虑这个问题。

尽管苹果和谷歌等公司决定为你提供一些工具，帮助你管理你与其产品的互动情况，但这些公司仍在继续研发极易让人上瘾的数字产品。脸书、拼趣（Pinterest）、领英以及成千上万规模各异的公司，都在努力为自己公司攻占一点点（或大量）地盘，侵占你的大脑。如果你想毫发无损地逃出这场夺取你注意力的战役，我有个坏消息要告诉你：这些公司发起了一场史诗级的持久战役，目的就是让你继续使用他们的产品。他们有人工智能、预测分析和病毒式营销活动等多种手段，目的就是拖垮你，并越来越多地占用你的大脑。

这就像他们带着一把或者多把手枪，去和手里只有刀的人较量一样，你一点儿机会都没有。这些公司非常清楚自己在做什么。难怪那些研发这些科技产品的人，正在为屏幕时间如何影响他们自己的家庭而感到恐慌。举个例子就能说明问题。越来越多的科技公司高管开始严格禁止他们的孩子使用电子设备，一些高管甚至要求保姆签署苛刻的合同，禁止她们在孩子眼前使用电子设备。[3]在硅谷，事态已然失控，一个个自封的“科技联防队员”开始监视这些保姆。这些“警官”会拍下保姆在公共场合使用电子设备的照片，并把它们贴到当地的育儿信息留言板上。这样极度狂热的行为足以证明，硅谷人士是怎样看待这些产品对健康的影响的。如果一个厨师不吃自己做的菜，你也许想换一家餐馆。

随着社交媒体和信息超载的负面影响变得明显，人们已经开始强烈抵制它们，行业领袖呼吁对人类的联系方式进行彻底反思。

在 2018 年的达沃斯世界经济论坛上，赛富时（Salesforce）公司首席执行官马克·贝尼奥夫（Marc Benioff）甚至建议政府应该像监管烟草行业一样监管社交媒体平台。[4]这就是在缺乏监管的情况下，科技行业决定开始自我监管的原因。当然，当一个行业开始进行自我监管的时候，它一定有自己的目的和动机。如果你慈悲为怀，你就会相信，这些公司未来的竞争优势将取决于它们对当今消费者的健康和福利有多重视。如果你是一个怀疑论者，那么你会发现，这其实是一种将数字健康作为品牌推广工具的经营方式。

你如果想了解一下科技对你的日常生活产生的影响有多大，可以通过数字审计一探究竟，以便更好地了解你是如何与那些试图争夺你注意力的力量打交道的。你可以从多个应用程序或数字健康功能（比如引入苹果和安卓产品中的那些功能）中挑选一种，它将帮你计算你联网的时间和使用电子设备的时间。

### 谁赢得了这场争夺注意力之战

思考下面的问题，并记下答案。

**互联网和社交媒体使用情况**

1. 你每天花多少时间上网？

2. 你每天花多少时间在社交媒体上？

3. 你每天浏览这些网站和应用程序多少次？你花了多少时间在这些东西上？

瓦次普

脸书

照片墙

推特

领英

色拉布

油管

维基百科

谷歌和其他搜索引擎

亚马逊

红迪网（Reddit）

奈飞

新闻网站（纽约时报、美国有线电视新闻网、雅虎新闻、赫芬顿邮报、谷歌、福克斯新闻等）

其他（游戏、交友应用软件、播客、流媒体音乐等）

4. 你多久在社交媒体上发一次帖子？

5. 你会关注自己或别人在社交媒体上收到多少“赞”吗？

6. 你会根据收到的赞数来判断一个帖子的质量吗？

**数字超载和信息超载**

1. 你每天会看多少次电视或互联网上的即时新闻？

2. 你多久查看一次电子邮件？

3. 你是否启用了“收到新消息或电子邮件时发出通知”的提醒功能？

4. 你收到通知后，会立刻采取行动吗？

5. 你上一次超过 12 小时不查看邮件或社交媒体是在什么时候？

6. 当你的电子设备不在你身边时，你会感到有压力吗？

7. 当你查看你的电子邮件、消息或社交媒体账户时，你是否会有一种如释重负感？

8. 你会利用排队或等人的时间上网吗？

**你与电子设备的关系**

1. 你每天花多少时间在电子设备上？

2. 你每天拿起你的电子设备多少次？

3. 你睡觉时会把手机放在床边吗？

4. 你会早上一醒来就立刻查看手机吗？

5. 你会在晚上睡觉前查看手机吗？

6. 你看电视时经常上网或使用社交媒体应用程序吗？

7. 你会在开会或吃饭时把手机放在桌上吗？

8. 你会在与人交谈时查看手机吗？

9. 你是否经常因为自己手机联着网而在参加电话会议时分心？

10. 你的家人或朋友是否抱怨你盯着手机的时间太长了？

以上这些问题的答案并没有对错之分。你的职业和你所处的人生阶段，决定了你使用互联网、电子设备的频率的高低。无论你如何度过每一天，你都需要明白数字设备是如何塑造你每天的生活方式的。如果你看到测试结果，对这样的自己感到惊讶（我就是）、不安（我就是）甚至有点儿沮丧（我就是）的话，你并不孤独。智能手机成瘾已经变得很普遍，尤其是对年轻用户来说。苹果公司的两个主要投资者为此发表了一封公开信，呼吁他们公司采取措施应对这一风险，这可能有助于刺激其数字健康计划的发展。

当然，这并不意味着科技一定是有害的。互联网（尤其是社交媒体）为你的生活和整个社会贡献了很多有价值的产品。这些产品可以让你与朋友联络、结识新朋友、找到心仪的对象。它们还能引发变革，让人们了解到一些重大问题，否则这些问题永远不会得到媒体的关注。尽管如此，不停地刷即时新闻、戴着耳机一听就是几小时或者整天埋头看手机，这些干扰动作都在系统化地控制着你的生活，破坏着你为追求果断而付出的所有努力。这样无休止地开小差、分散注意力的行为会让你无法活在当下、享受当下，无法融入周围的世界，你和家人、朋友以及那些每天不经意间遇到的人会越来越疏离。最糟糕的是，你不再关注你自己，不再关注你真正想要的生活。

## 不要让科技越位

当人们感到压力重重、心烦意乱时，他们会试图依赖冥想、瑜伽课和可以监控或限制屏幕时间的应用程序找到解决之道。用不了多久，他们就会成为由无数家科技公司打造的各种数字健康计划的第一代实验对象。这些公司正在将正念打造成一个价值 10 亿美元的产业，这个产业将借此兴盛起来。[5]鉴于他们投入了这么多资金，可以说，他们争夺你注意力的战争才刚刚开始，这注定是一场旷日持久的战役。这场战役是由科技、资金和一种共同的认知——我们当前的互联方式是不可持续的——所推动的。

用数字健康计划解决“屏幕病”——作为夺回自主权的第一步，这似乎很不错。但你要知道，大多数这样的工具和应用程序只不过是一种权宜之计。你可以尽情地进行数字戒毒，但总有一天，你得拿起并使用手机。你只要在现代社会中生活和工作，就不可能拒绝接触科技产品，所以，你必须找到正确的平衡点。

重新思考并构建你与电子设备及上面运行的所有应用程序之间的关系，显然能给你带来不少好处。在一项名为《不再错失恐惧：限制社交媒体可以降低孤独感和抑郁感》的研究中，美国宾夕法尼亚大学的研究人员发现，减少脸书、色拉布和照片墙等社交媒体网站的使用，可以减轻大学生的错失恐惧感、焦虑感、抑郁感和孤独感。设计这项研究的研究人员特意让学生继续有限制地使用社交媒体，因为她认为全面实施数字戒毒这个目标不太现实。[6]

她是对的。如果你想限制科技在诱发你的两种恐惧症方面所起的作用，你必须现实一点儿：你的目标不是戒除，而是控制。启动这种思维的一个有效办法是，把限制科技看作节食。如果你想保持健康、拥有好气色，那么你显然不应该整天不停地吃零食；如果你想保持心理健康、掌控全场，那么你必须避免摄入大量“电子零食”。你如果整天都在“吃”电子邮件、短信、社交媒体、通知以及手机上的其他“小零食”，就会不堪重负。相反，你如果克制自己，每天只吃几次“零食”，就可以在保持精神健康的同时，避免突然戒除、完全脱离电子设备（这基本上是不可能的）带来的不适。你可以通过采取一些简单而重要的步骤，比如禁用通知、监控屏幕时间、删除那些分散注意力的应用程序、暂时离开你的设备片刻，以便集中精力工作或进行社交活动。这就像当你戒掉垃圾食品后，你很快就会发现自己不再频繁地受到打扰，感觉好多了。你还会发现，在日常生活中很少有什么事情需要你立即关注。

关闭提示框、关闭在线模式的确会让你错过一些重要的事情，这样的担心是正常的。你可能会错过一个改变人生的电话，或是一条改变人生的新闻。虽然这种可能性很小，但它对你的心理影响却不小。任何一天你出门时，都有可能摔倒受伤、遭到抢劫或被闪电击中，尽管如此，你还是要担负起责任，打开大门，不顾一切地走进外面的世界。这就是自由的代价。

这个道理同样适用于科技领域。想从你的设备那里收回属于你的力量，你将不得不承担错过好东西的风险。当然，如果有人需要马上和你取得联系，他们一定会找到办法，就像我们的祖先在科技上的“黑暗时代”所做的那样。

“不要让科技越位”不仅是一个理论构想，还很现实：在现实世界中，你打算如何与科技产品、电子设备共存呢？亚胜公司最近的一项调查发现，70% 的成年人、88% 的“千禧一代”，都会在睡觉时把手机放在身边。[7] 每当听到这样的统计数字，我都会想：如果回到小时候，我会怎么想？如果那时我会想到将来大多数人也许会整天对着电脑，那么我会感到惊讶还是恐惧呢？科技已经悄然渗入卧室这样一些不该有科技产品的地方，这令人震惊。你真的不必带着手机上床。

阿里安娜·赫芬顿（Arianna Huffington）想出了一个新颖的解决方案，来应对科技侵入个人空间的问题。赫芬顿是健康内容平台“繁荣全球”（Thrive Global）的创始人，这家公司正在与一种错觉做斗争。这个错觉就是，精疲力竭是我们必须为成功付出的代价。她也是睡眠科学方面的专家。如果你听过她的演讲，她可能告诉过你，她是如何用一款巧妙的产品来帮助人们解决对科技的过度依赖问题和睡眠问题的。为了保证你的电子设备不会凌驾在你的健康之上，她发明了一种“手机床”——每晚让你的手机“睡觉”的地方。你可以把手机塞进去，插上电源充电，然后和它说“再见”。直到第二天早上，你们才会再次见面，这时你和手机都充好了电，为新的一天做好了准备。我完全赞成赫芬顿的做法。

卧室应该是一个没有手机的区域，我自己一直是这样做的，尽管我不得不承认，我的苹果手机更喜欢裸睡在厨房的柜台上。

## 正念还是数字正念

在过去几年中，“数字健康”和“数字正念”已经成为流行词，简单朴素的“正念”也流行起来。这是好事。虽然科技的确会分散注意力，但自古以来，人类就一直在与两种恐惧症做斗争。因此，如果你想战胜它，那么你需要解决的不仅仅是科技问题。像冥想这样的练习，不仅仅适合那些社会边缘人。现在，你如果想尝试一下，就可以选择一些应用程序，比如“头脑空间”（Headspace）和“多 10% 快乐”（10% Happier），或者参加一些冥想课程。你如果刚开始接触正念，就很自然地会认为这是个新事物，要不就是由这个永远在线的社会造成的压力而演变出来的东西。这样的话，你就错了。

迈克尔·罗根（Michael Rogan）是一名神经学家、心理治疗师，他在纽约大学获得了博士学位，并在哥伦比亚大学完成了博士后工作，还练习了 40 多年的佛教冥想。他拥有当代心理学、行为神经科学和古代佛教三个领域的专业知识，职业生涯也是基于这些专业知识的实践而展开的。事实证明，自公元前 500 年以来，世间变化并没有你想象中的那么大：佛教冥想至今有超过 2500 年的漫长历史，生活在佛陀时代的人们和当今世界的人们一样，也在不停地与焦虑和压力做斗争。他们同样会有错失恐惧感和更好选择恐惧感，尽管触发他们产生这种感觉的原因和我们不同。佛教中甚至还有一个专门词汇——“dukkha”（意为“弥漫性的不满”）——来形容这种感觉。[8]

虽然有许多心理技术可以治疗这两种恐惧症，但罗根认为其中最直接的就是正念。事实上，佛陀及其追随者们创造的许多修行方法，已经被现代治疗师们当成了治疗手段。其原理是这样的：当你练习正念时，你会有意识地将注意力集中在你的身体上。你会注意你所坐的那把椅子，注意你身体的感觉，注意你的呼吸与气息，注意你周围的声音。当你以这种方式引导注意力时，你就实现了重要的一步——你打破了对未来、过去或你所错过的事物的惯性思维，同时抛弃了你的需求、需要、欲望和不安全感。你活在当下。

“活在当下”是错失恐惧症和更好选择恐惧症的对立面。当你被这两种恐惧症吞噬时，你就会忘记发生在你周围的其他事情，忘记了天空是蓝色的、外面非常寒冷，忘记了自己身在何方。正念这种秘密武器，会让你在注意当下那一刻（比如深呼吸的时候）的感受时，不再考虑过去或将来的事情。毕竟，你感觉不到自己5分钟前的呼吸是怎样的，也感觉不到自己1小时后的呼吸是怎样的。你如果在深呼吸的时候注意到了自己的呼吸，就肯定没有开小差，因为你只有在当下才能感受到那种感觉。

你从这种经历中学到的很重要的一点就是，你可以选择如何引导你的思维和精力。你如果想专注于当下，不去想昨天和明天，就不妨这么做，至少保持几分钟，让你混乱了一天的脑子得到片刻休息。事实上，你如果练习得更多，就能意识到你可以选择在任何你想要休息的时候休息，至少能休息一会儿。你有决定权，你可以选择把注意力投向哪里。你可以在陷阱重重的平日里得到片刻休息，你太需要这样的休息了。每天为这个练习腾出时间，这一点很重要。这并不是什么时髦的冥想应用程序所倡导的新方法。这个方法由来已久，效果极佳，你应该试试。

也许你听说过正念减压，但你觉得它太玄乎了。这个概念会让人联想起一些新奇的东西，比如水晶、绿松石饰品和康普茶，你很容易把它们混在一起并忽视正念。这种先入为主的观念值得我们重新思考。要知道，不少像奥普拉、马克·贝尼奥夫和瑞·达利欧这样的商界人士，都在使用这些方法减压、清理思维、加强情绪控制能力。冥想和正念未必是什么新奇玩意儿，除非你希望它们是。相反，你可以把它们看作你弓上的另一根弦，它将帮你表现出更好的状态，并在充满挑战时保持弹性。

虽然你接受正念这个概念，也想把这种练习纳入你的生活，但对很多人来说，练习正念说起来容易做起来难。其实，练习正念本身并不难，难的是将它放在首位。相信我，我花了几年时间练习正念冥想。我下载过相关的应用程序，上过课，什么方法都试过了。我虽然每次都能坚持几天，但很难把它变成一种习惯。我总是因为太忙碌或太分心而忘了练习。

当我把我遇到的挫折告诉罗根博士时，他建议我重新思考一下我是如何看待正念的。他建议，将这种练习融入生活的最好方法是牢记一点：练习正念不一定非得采取静坐的形式。有一种非常流行的观点认为，除非你盘腿坐在地板上吟诵，或者去泰国进行为期 14 天的静修，否则你就没有练对。那是神话。要知道，很多人在洗澡时想出了最好的点子。这是因为，在那段短暂的时光中，你可能在不知不觉中练习正念。水冲在你的身上，你注意到了。你人在这儿，心也在这儿，这会带来好事。同理，洗碗或和你的小狗一起躺在沙发上，也是一种行之有效的“在场”方式。

记住，练习正念并不难。你如果认为这很难，觉得你必须给你的大脑施加压力才能取得进步，就没有抓住要领。你的目标是让你的大脑休息一下，而不是更费劲地用脑。你如果觉得这很困难，别担心。像生活中大多数其他事情一样，你可能需要继续练习。在此过程中，你可以寻求别人的指点——报班或向老师求助，使自己进步。

正念还有可能以意想不到的形式渗透到你的生活中。第九章中提到过的多兰阁下就认为，克服错失恐惧症和更好选择恐惧症的关键是找到时间进行沉思、冥想和反省。他和许多人采取的是祈祷的形式，你也可以用类似的方法进行正念训练，在你所在的城市或城镇里四处逛逛，听听音乐。在做这些事时，关键是要把注意力放在你通常没有注意到却正在发生的事情上。比如，去刻意关注一首歌曲的节拍，或者感受一下走路或跑步时脚触碰地面的感觉。

你也可以让科技助力。我在练习冥想的过程中，使用了两个应用程序，它们带来了不同的体验。首先，我下载了冥想定时器Oak，它提供了一种很酷（并且免费）的方法来帮我计算冥想时间。虽然这是一个好的开始，但我仍然发现自己坚持不了几天，尤其是出门在外、不需要面对家里的各种琐事干扰的时候。幸运的是，我的朋友阿杰·基肖尔（Ajay Kishore）也有同样的感觉。作为一名正在进行融资的企业家，他也在寻找释放压力、避开两种恐惧症（这是集资过程的必然产物）的方法。

阿杰和我决定使用“习惯分享”（HabitShare）这个应用程序彼此督促，以保证我们能诚实地向对方分享自己每日练习冥想的情况。每天，我们都会在应用程序上签到，确认我们已经开始练习冥想了。如果谁在某段时间里无法练习，我们会诚实地告诉对方。在巴黎度假时，我有几天没签到，他给我发了一条消息：“喝红酒和观察路人，可不是替代品哦。”有时，适当羞辱一下别人能收到效果。在随后的旅途中，我自然而然地抽出时间进行冥想了。多亏了这些行为上的微小变化，再加上科技助力，我有生以来第一次做到了坚持练习冥想，并开始看到它给我带来的好处。我使用了两个应用程序，建立了一个竞争性的问责制度来帮助我练习冥想，讽刺吗？当然。如果这是养成好习惯所需要的，我就不妄加评判了。对我来说，这些应用程序就像是抗体，用来预防我手机上其他应用程序可能带来的感染。

短短几页文字是无法全面探索数字健康和正念的，因为其内容非常广博。幸运的是，这是一个越来越受到关注的话题，你如果想了解更多，可以在当地书店或网上找到很多很棒的资源。当你探索你与科技的关系、探索各种“错过”杂事的方式时，时刻牢记以下基本原则：

1. 你的目标不是戒除，而是控制。
2. 想办法将自己从永远在线的模式中解放出来。
3. 不要让科技越位。
4. 花点儿时间练习正念，选择任何适合你的形式都可以。

## “错过”杂事带来的快乐

在谷歌开发者大会的主题演讲中，桑达尔·皮查伊还提到另一个由四个字母组成的单词，并宣称这个词就是错失恐惧症的解药。

> 人们急于跟进外面所有的最新信息。他们有错失恐惧症。我们认为，我们有机会做得更好。我们一直在与人们交流，有人向我们介绍了 JOMO 的概念。JOMO 即“错过杂事带来的真正的快乐”（The Actual Joy of Missing Out）。因此，我们认为我们可以真正帮助用户实现数字健康。[9]

JOMO 这个词是博主、企业家阿尼尔·达什（Anil Dash）创造的。他提出这个概念是基于这样的认识："当你像我一样美妙无比地慢慢变老，开始满足于一成不变的生活时，你会喜欢待在家里，因为你宁愿在家里等待沐浴时光、哄孩子上床睡觉，也不愿去世界上任何别的地方。"[10] 从那时起，JOMO 便作为错失恐惧症的一站式解决方法名扬天下了。在广告文案、杂志文章和所有的社交媒体上，这个词简直无处不在。它也紧紧跟上错失恐惧症的脚步，成了一种模因。

那么，JOMO 真的是错失恐惧症的解药吗？我想说，有时也许是，但肯定不是什么时候都是。"错过"杂事、获得真正的快乐不是一个过程，而是一个目标。它不是一段旅途，而是目的地。事实上，即使你能让自己进入一种完全 JOMO 的状态，我仍然得说，在克服错失恐惧症的路途上，你才走了一小段而已。你必须向世界宣布，因为你错过了这件事、错过了那件事，所以你感到很快乐，这一点让我觉得有些难为情。你如果真的不介意错过了什么，就不会想到要给你的快乐贴上标签并公之于众。如果你在照片墙上宣告你的 JOMO，那么你做的事情与你和伴侣分了手，然后在社交应用软件上贴满照片，告诉大家你正在享受最美好的时光，没什么区别。

那么，JOMO 是什么样的状态呢？你如果已经尽可能消除了导致错失恐惧症的信息不对称，就实现了 JOMO。你如果知道自己错过了什么，但不在乎，就已经做到了。如果你没有如此彻底，那么事情就麻烦了。你如果都不知道你正在错过什么，怎么会为错过了某件事而发自内心地感到喜悦呢?

根据定义，你如果都不知道某一事物的存在，就不会因为错过它而感到高兴。如果是这样的话，那么每个人都会处于一种永久的“因错过而快乐”状态，因为世界上正在发生的无数事件，他们可能根本就不知道。此外，当涉及的是生活中的小事时，JOMO 的效果是最佳的。错过一次社交活动、周末旅行或其他短暂的承诺确实会让人感觉很棒。但是，在涉及寻找真爱、开创事业、开办企业或非营利组织这样的事情时，没有人会因为错过了它而昭告天下，宣扬自己感受到了真正的快乐。对于这样的事情，你一定会害怕错过，不会因为错过了它而发自内心地感到喜悦。

如果 JOMO 不能帮你实现一直以来的梦想，或者让你踏上你一直希望踏上的冒险之旅，那你就得另寻出路了。幸运的是，你可以关注自己的错失恐惧症，从中学习，然后将其转化为一种积极的力量。在本书的下个部分，你会学习到如何掉转错失恐惧症的矛头，让它为你所用。你还将学习到如何应对他人的错失恐惧症和更好选择恐惧症，然后加以利用。

## | 第四部分 |

# 让错失恐惧症和更好选择恐惧症为你所用

哈利，决定我们一生的不是我们的能力，而是我们的选择。

——《哈利 · 波特与密室》

# 第十三章

# 有的时候全力以赴

我看到有些人待在原地一动不动，因为这样很方便或很舒服。但是他们错过了激情。

——阿里安娜·赫芬顿

弗洛伦西亚·希梅内斯-马科斯（Florencia Jimenez-Marcos）和她的丈夫泽维尔·冈萨雷斯-圣费利乌（Xavier Gonzalez-Sanfeliu）、女儿塞西莉亚（Cecilia）住在迈阿密海滩。弗洛伦西亚是一个精力充沛的人，她能和周围的人打成一片，我认为她是那种非常容易患上错失恐惧症的人。她尽管雄心勃勃，总准备着去冒险，但不太会去冒那些不必要的风险，因为这些风险会打乱他们一家充满活力、忙忙碌碌的生活。虽然弗洛伦西亚喜欢自己现在的生活状态，但她知道，她也可以在其他地方过着别样的人生。她可以回到她的祖国阿根廷，回到她从小长大的休斯敦，凭借她流利的法语在法国巴黎生活，或者和泽维尔一起去纽约过日子。然而，她和泽维尔选择了彼此，选择了迈阿密。他们已经在这个城市生活了近 20 年，这个家庭已经在这里深深地扎下了根。

但每年有好几个月，他们并不住在迈阿密。弗洛伦西亚和泽维尔找到了方便四处旅行的工作，所以每到夏天，他们就开启了弗洛伦西亚口中的“迷你生活”。塞西莉亚一放暑假，他们就会收拾行囊，奔向遥远的异乡，奔向世界的尽头。这不是在给自己放长假，而是在一个新的地方工作和生活。

他们的目标是体验一种不同的、平行的生活，在回家时得到成长。

他们找到了愿意交换住房、与他们志趣相同的家庭，在新加坡、印度尼西亚、西班牙、加拿大、荷兰、英国和法国度过了一段又一段美好时光。每到一个新的国家，他们都会学到新东西。一家人过得很滋润，偶尔也会想想“假如……怎么样”，然后，他们会回到迈阿密，心怀感恩地回到自己的家中，并牢牢地控制着自己的错失恐惧情绪。

## 好的错失恐惧症和坏的错失恐惧症

即使你充满信念，也并不意味着你永远不应该回顾过去，想想过去可能会发生什么事情。你如果想让自己果敢决断起来，那么思考你必须放弃的道路和选择是很自然的。作为一个土生土长的新英格兰人，我一直很喜欢罗伯特·弗罗斯特（Robert Frost）的经典之作《未选择的路》（*The Road Not Taken*）：

> 一片树林里分出两条路，
> 而我选择了人迹更少的一条，
> 因此走出了这迥异的旅途。

在毕业典礼上庄严朗诵这首诗歌，鼓励人们追逐梦想，做与众不同的事，远离盲从之众，想来真是浪漫。但它并不是很实际，许多人不能走那条少有人走的路，他们承受不起：他们有账单要付，有责任要承担，或者他们只是害怕离开那条清理干净的道路，去探索视线之外的荒野。就连弗罗斯特自己也抗议，他的诗被人们误读了。在给一位朋友的信中，他哀叹他的诗“太被人们当回事了……尽管我想方设法表明我不过是在瞎糊弄……这是我的错”[1]。这太有意思了，我很想知道为什么没有人在毕业典礼上朗读上面这段文字。

你如果果敢决断，就会对很多事情说“不”。你一旦学会了控制错失恐惧症，就能接受自己不可能去做所有事情这一事实——这就是聚焦的意义所在，它意味着你会错过某些经历。你尽管尽了最大的努力，还得不停地与优柔寡断做斗争。但重要的是，并非所有的错失恐惧症都是糟糕的。听听错失恐惧症发出的声音，你会学到很多。毕竟，它总是在你耳边低语，给你带来各种想法和点子。大多数时候，它只会起到分散注意力的作用，但未必都是这样。

你如果发现自己总是对同样的机会或决定感到错失恐惧，就应该听听你脑子里那个小小的声音——那个在问“如果……怎么办”的声音。你的直觉可能会告诉你一些重要的事情，你不妨试着睁大眼睛，看看周围的环境，尝试一些新的事物，设定一个新的目标或是迈出新的一步，打破种种常规。有一种方法可以帮你一劳永逸地驾驭错失恐惧感。你可以试着走上那条你没有选择的道路，同时不去破坏你已经选择的道路。例如，你可以像弗洛伦西亚那样开启一段“迷你生活”，每过一段时间就换换环境。你不妨先别急着否定各种可能性，而是换一种思维，想一想如何才能真正实现它们。无论你选择怎么做，你的目的都是让错失恐惧症为你所用，这样你的人生就不会那么非黑即白、枯燥无趣了，也许会变得细腻微妙得多。

驾驭错失恐惧症并将其加以改造利用的秘诀在于：确定你打算以何种方式展开行动。无论你是在进行新的探索、开阔自己的视野，还是试图改变世界，你都无须百分之百地全身心投入。但你可以花一定的时间去全身心投入，这是一种受意识支配的多任务处理方式。我在当年经商的时候，第一次运用了这种方法。从那以后，我把这种方法延伸到商界以外的其他领域中。这种做法能让你挑战自我、挑战你对可能性的认知，而不会急剧地改变你的余生，也不会让你破产。讽刺的是，正是促使许多人患上错失恐惧症的那股力量——无处不在的信息获取渠道和科技带来的极端互联性——让我们得以实施这种策略。

## 成为创业者，同时保留你的全职工作

现在是成为企业家的最佳时机。你不妨想一想，科技已经渗入我们的个人生活和职业生活的方方面面。对任何想要创业的人来说，这都是一个改变游戏规则的机会，因为你可以比过去更灵活地做事。你可以在你选择的时间和地点做任何你想做的事情，这在人类历史上还是第一次。你只需要拥有互联网、一部智能手机，也许还需要一台笔记本电脑，就可以开公司了。另外，你创业所需的许多重要资源都可以免费使用，或者你只需花很少的钱就能使用。因此，开创并管理一家公司，从未像现在这样廉价与容易。

大家开始觉得，怎么人人都成了创业者？这就是原因所在。《创智赢家》（*Shark Tank*）和《硅谷》（*Silicon Valley*）这样的节目美化了创业精神，媒体也在大力追捧那些初创公司的创始人，尤其是那些已经成功的创业者。与此同时，像联合办公这样的公司也赶上了创业这波浪潮，他们试图说服每个人都去创业，去追逐自己的梦想。公司的座右铭“做你喜欢做的事”说得够清楚了：如果你有勇气创办自己的公司，那么你的自我实现之路就始于这间你打算从联合办公公司租来的办公室里。这些信息就像打了鸡血，让盲从之众热血澎湃，结果让无数人患上了创业错失恐惧症。

然而，这些错失恐惧情绪背后是冷酷无情的现实。尽管创业的门槛已大幅降低，但这并不意味着创业者更容易取得成功。大多数初创企业都会以失败告终。考虑到这样的可能性，如果你有账单要付，那么辞掉工作去创业往好了说是冒险，往坏了说就是鲁莽。你如果害怕失败——说实话，你应该感到害怕——就会沦为更好选择恐惧症的受害者。与其有了一个点子就动手去做，不如袖手旁观，反复思考，直到你找到完美的商业模式。问题是，你如果选择这样做，就永远无法行动。完美的商业模式是不存在的。即使有，在创业的前几年里，你也很可能无从知晓。

你走了更多人走过的路，追求着传统的职业，这并不意味着这一选择是不可挽回的。全职创业对部分人来说是条不错的路，但并不是所有人都适合这条路。不过，这不意味着你只能袖手旁观，感叹其他人都在做一些令人激情澎湃的事情，而自己却被枯燥乏味的日常工作捆住了手脚。相反，你可以直面你的错失恐惧症，并控制它，让它为你所用。关键是，别再认为创业是一个百分百是或百分百否的命题。相反，你可以在保留日常工作的同时，成为一名创业者，并将这两个不同世界的优点结合起来。这是一个简单但新颖的想法：你不必成为企业家，但你可以像企业家那样思考。这会让你像老板那样思考，而不是像雇员那样思考。然后，你就可以带着日常工作的安全感来拥抱风险和创造力。要做到这一点，你至少需要投入 10% 的时间，如果可能的话，还要投入一些资金。只有这样，你才能以创始人、投资人或顾问的身份加入一个或多个公司。

我把这称为 10% 创业者，这是我第一本书——《10% 创业家》（*10% Entrepreneur*）的主要话题。自从几年前我第一次阐述这个概念，10% 创业者——或者一些人所说的“副业”——已经成为一种时代潮流。一路走来，我有幸遇到过成百上千的 10% 创业者，他们全身心投入所取得的成就让我惊叹，即便只是利用部分时间打拼，也不例外。一些兼职创业者非常成功，如果他们愿意的话，他们早晚能成为全职创业者。这样的人并非凤毛麟角。在过去的几年里，兼职创业大规模兴起，令人啧啧称奇。在这个劳动弹性化不断提高的世界中，超过 4400 万美国人现在拥有各种各样的兼职工作。不过，重要的是要记住，并不是所有的兼职工作都是平等的。如果你在开优步网约车，或者在爱彼迎上出租公寓，那么你的确是在搞副业，但这与 10% 的创业者搭不上边。两者的区别在于：所有权。

无论何时，只要一家硅谷初创企业上市，就会有很多普通员工在一夜之间成为巨富。这些人都不是靠薪水致富的，而是靠自己拥有的公司股份赚了大钱。拿固定的薪水是不错，而且显然非常有必要，但是，当你能够分享到公司发展所创造的价值时，你才能真正赚到钱。当你是一个 10% 创业者时，你的中心目标是所有权。你拥有你所创造的一切的一部分，因为你的股份会增值。你把你的努力看作一种投资，而不仅仅是一种挣外快的方法。你不是按小时计费，而是在创造一些将由你塑造的、属于你的事物。

以玛蒂帕（Matipa）、默西（Mercy）和莫娜·尼亚曼万达（Maona Nyamangwanda）为例，这三姐妹创立了艾尼民族服装（EnnyEthnic）——一个主打非洲传统印花产品的时尚品牌，以弘扬自己国家津巴布韦的民族传统文化。尽管三姐妹长期以来一直梦想着开一家服装公司，但作为刚来美国不久的移民，她们首先要找到一份稳定的工作。玛蒂帕是美国政府的律师，默西是一个护士，而莫娜拥有一家清洁公司。

为了将稳定的事业与创业带来的刺激和收益结合起来，三姐妹决定先推出艾尼电子商务公司，作为副业经营，同时保留全职工作。这样一来，她们就不用担心如何支付账单，能更自由地做生意，同时也能让她们把对祖国的爱和实现经济独立的机会合而为一。她们的方法奏效了。该公司在旧金山时装周上崭露头角，在美国东西海岸都开了快闪店，甚至在米兰时装周上承办了时装秀。虽然她们未来可能会考虑全职开公司，但兼职创业让她们可以追求自己的梦想，并且无须冒险改变自己的生活方式，或是让她们显得不够理智。

如果你还没有什么点子，或者还没有准备好承担创业的责任，那么你可以做一个兼职创业者。你可以用你的时间或资金投资别人的项目，而不是自己去创业。我就是用这种方法成为超过 15 家企业的股东的。其中两家公司现在成了独角兽企业，这意味着它们的市值至少有 10 亿美元。我在这些公司的投资价值的增长，远远超过了我在股票市场所能获得的任何收益。这让我感到非常兴奋。

## 兼职创业是如何激发创新精神的

从表面上看，在全职工作之外兼职创业似乎是出于自身利益的需要，你在利用个人技能、人脉网络和拥有的知识（部分知识是你在全职工作时获得的）为自己创造更多的机会。然而，接受这样的挑战，也有助于提升和巩固一系列的技能与人际关系，并且还能让你更加灵活，做全职工作时更有效率。因此，成为一个兼职企业家不仅对你有好处，对你的雇主也有好处。

这种方式不仅适用于个人，公司也可以通过承接编外项目管理错失恐惧情绪。“内部企业家精神”（intrapreneurship）一词在近四分之一个世纪前就被创造出来了，它指的是努力开创一种鼓励具有企业家精神的思考者的企业文化。虽然这么多年过去了，但在一家大公司建立真正的创业文化仍然充满了挑战。然而，这并非完全不可能。

例如，谷歌要求员工投入一点儿时间到编外项目中。虽然长期以来，这种方法一直是帮助开发新产品的利器，但现在它还有一个额外的功能：谷歌已经不是一家初创公司了，大多数谷歌员工都没有在创业环境中工作过，通过将创业精神融入企业文化，谷歌能让每一位员工拥有真实的创业经历，这些经历将影响他们在公司的工作表现。

然而，在出现谷歌这样一家公司的同时，还会有无数根本无法激发员工创新力的公司。有时，问题在于公司是否愿意投入。新的点子需要假以时日才能给人带来回报，因此成功或失败可能取决于一家公司是否愿意坚持下去。内部创业精神需要一段时间才能发挥作用。当管理者和股东们都只盯着短期业绩不放的时候，内部创业精神的这一特点，使它很容易在企业需要削减成本或调整优先事项时，成为众矢之的。

公司可以通过鼓励员工探索自己的创业项目，要求他们将所学应用到全职工作中，在工作中更上一层楼。这些公司的领导者通过这种方式发出一个明确的信息，即他们在经营什么样的公司。那些利用员工让公司站在更高视点、发展更快、更具创新性的领导者相信，他们能够吸引人才、激励人才。或许更重要的是，他们意识到，鼓励员工花时间做自己感兴趣的项目，是留住员工的重要手段。他们还认识到，如果一位员工梦想有一天离开公司创办自己的公司，那么他最好现在就去创业，而不是留在现在的公司，三心二意地做着现在的工作。

## 做一个不会破产的行动家

工作之余做一个兼职创业者，显然有助于管理你职业生涯中的错失恐惧心理。你可以以同样的心态管理你的生活。让创业变得容易、成本低廉的因素，同样会作用于非营利性组织和政治事务。如果错失恐惧症影响到你的人生，那么你个人承担的风险就会很高。更重要的是，你总是担心自己错过为需要的人提供帮助的机会。可是，你即便想改变世界，也不可能放弃一切，全速前进。你需要找到另一种可持续的方法，让一切成为可能。你想成为一个努力付出的人，这不仅仅是主动请缨的问题，还关系到你能否拥有一席之地、保证事情能顺利完成的问题。

4 年前，丹 · 布兰朵（Dan Brendtro）知道了世界上有弗里德赖希共济失调这种疾病，一项基因测试证实该疾病是导致他的女儿瑞安娜（Raena）出现平衡和协调问题的原因。几周后，这家人从他们位于南达科他州苏福尔斯的家中出发，坐上飞往费城儿童医院的飞机，去找一位世界领先的该疾病研究人员。双方见面后，布兰朵夫妇发现这种疾病是无法治愈的。它非常罕见，并且攻击性很强，一般会让一个孩子在读完高中前就坐上轮椅。这种疾病还会导致患者死亡，很可能会在患者 20 多岁或 30 多岁时夺走他们的生命。布兰朵夫妇虽然深感震惊和悲痛，但仍然抱有希望：为数不多但队伍在不断壮大的研究人员，正在研究此病的治愈方法。有一点很关键：与许多罕见病不同，这种疾病背后的生理机制已经明确了。

正如雅埃尔 · 梅拉米德在收到癌症诊断报告时所认识到的那样，当你遇到危机时，你要么全线崩溃，要么果断采取行动。布兰朵夫妇选择与之作战。丹 · 布兰朵联系了苏福尔斯的一家医院，希望能促进针对此病的新研究。这时，他听闻一个令人难以置信的巧合之事：几年前，在离丹·布兰朵的办公室只有 4 英里远的地方，彼得·维蒂耶洛博士（Dr. Peter Vitiello）曾对这种疾病进行过一段时间的研究。但由于资金不足，这个项目后来被搁置了。丹·布兰朵询问了重新启动这项研究需要多少资金，然后决定筹集足够的资金来恢复这个项目。他明白，申请政府津贴或其他资助可能需要数年时间，他得想办法缩短时间。

丹·布兰朵决定像一个创业者（尽管只是兼职的）一样思考问题，通过众筹活动筹集资金。他读过《10% 创业家》，于是将这种方法戏称为“10% 活动家”。为了用有限的时间和最少的资金实现他的目标，他创建了一个名为“终点线基金”的非营利性组织，并邀请自己圈子里的人设计标识、拍摄视频。

此外，他还借鉴了迭戈·赛斯 - 吉尔（Diego Saez-Gil）的经验。赛斯 - 吉尔是一位旅游行业创业者，丹·布兰朵在《10% 创业家》这本书中了解了他那个成功的众筹项目。最后，他赶在星期二回馈日前发起一场众筹活动，短短几周内，他就筹到了 12.5 万美元。不到一年的时间，大笔启动基金到位，研究重启在即。在“终点线基金”筹到了足以维持其正常运转的资金后，丹·布兰朵就把目光投向新的“10% 活动家”项目。他继续努力，只有一个目标：尽快治愈女儿的罕见病。

丹·布兰朵成为“10% 活动家”的方法，源于 10% 创业者军团的训诫：如果你试图开始新的冒险，创办一家企业甚至改变世界，那么你不必赌上所有的时间和精力。你可以用一部分时间全力以赴。这个策略能让你管理好两种恐惧症，刷新你对可能性的认知，并得到有利的结果，同时不会急剧改变你的人生或危及你的经济状况。

## 偶尔为实现目标全力以赴，释放激情

2016 年，在英国收视率最高的 10 个电视节目中，《英国家庭烘焙大赛》（GBBO）的不同季占据了其中 9 个。如果你还没看过这个节目，我来介绍一下。《英国家庭烘焙大赛》是一档真人秀节目。在节目中，英国顶级业余烘焙师聚集在英国乡间的一个帐篷里，并在接下来的两天里相互竞争，参加一系列的挑战，比如制作 24 个一模一样的罂粟籽烤饼，或者制作一个多层婚礼蛋糕。由于这是在讲究绅士风度的英国，所以大家都客客气气的，严于律己，不管厨房里出了什么乱子，大家都会咬紧牙关勇敢面对。即使赢得了比赛奖品——一个蛋糕塔和一些鲜花——的获奖者，也会以典型的英式低调作风出场。

凭借在英国的成功，该节目在全球范围内引起了轰动。它的一部分魅力在于经久不衰的美好。在这个错综复杂、纷纷扰扰的世界里，看着人们为了赢得蛋糕塔而费尽心思地琢磨脆饼烤多长时间，竟然能带来不少安慰，够意外吧。我不喜欢烘焙，但我得感谢《英国家庭烘焙大赛》。在我写这本书的时候，这个节目多次帮我克服了写作障碍。除了不错的疗效，该节目的吸引力还在于它能帮人们实现愿望。我们都有自己的兴趣爱好，并且希望将兴趣和工作结合起来。我们都有自己的天赋，如果加以培养，我们就能真正做到这一点。许多人的确会通过烹饪课开发自己的这些爱好，但获得的收益非常低，而这就是《英国家庭烘焙大赛》的特别之处。正式的奖品可能微不足道，但人们从中获得的收益却非常高。每周都有数以百万计的人观看比赛，顶尖的选手可以利用在节目中一炮走红的大好机会，开启一份以烘焙为主的兼职甚至全职工作。过去，许多选手都是这样做的。就像兼职创业者或活动家一样，他们做的事能给他们带来一定的收益。

做一个兼职创业者或活动家有助于探索职业目标或个人目标，应对错失恐惧症。另外，你还可以将这个思路推而广之，甚至把它应用到烘焙上。虽然很多人愿意去巴黎住几年，学学法语，但遗憾的是，对大多数人来说，这并不现实。更实际一点儿的做法是，你可以有意识地运用多任务处理法学习法语。当人们想学习一门语言的时候，大部分会去参加社区课程或者通过网络学习。这是一个很棒的开始，但你也可以另辟蹊径，花一定时间全力以赴，让自己尽可能地沉浸在这种语言中，包括：每天在法语播客上看新闻；在推特上关注所有的法语报纸；试着认识会说法语的人，跟着他们练习说法语。

让这一切能够实现的基本要素是，你付出的努力是可持续的。无论你想通过循序渐进的方式实现什么目标，这一点都是至关重要的。养成习惯并不是什么难事，你并没有做出重大的牺牲，你只是在把一种新的激情通过一种舒适实用的方式融入日常生活而已。你也可以更进一步，这样你就有了收益——继续进步的动力。比如，去一个说法语的国家度假，或者报名参加一个可以让你用上新技能的工作项目。无论选择什么，你的努力都会产生溢出效应，影响你的人生。如果你知道，这样做能验证你的技能能否给你带来更大的利益，你一定会接受挑战，说不定还会为自己感到惊讶。

无论你是对烹饪感兴趣，还是想学习一门新的语言，提高自己的身体素质，探索创业或投身于社会事业，你都可以把很多活动融入你的日常生活，试着驾驭你的错失恐惧症。这样你就不必打乱你的日常生活，也不必牺牲你正在做的其他事情。当你在一段时间里全身心地投入时，你可以持续释放你的激情，给自己带来一些收益，为取得成就做好准备。与此同时，你可以定下更高的目标，给自己添一些筹码，为自己创造一个继续增加投资、提升回报的机会。

## 休一次假

对大多数人来说，“迷你生活”和兼职工作都很棒。你也许会发现，在人生的某个时刻，你可以灵活地选择休个长假。这样做可以让你在几周甚至数月的时间里改变生活节奏，摆脱单调的日常生活。虽然很多公司都会给员工提供长时间休息的机会，但长假并不是你想休就能休的。如果你失业了，合同到期了或是发现自己因为其他原因处于职业过渡期，那么，你就可以休个长假了。

考虑到遣散费或失业津贴，你或许可以用别人的钱休个假，把你得到的柠檬做成柠檬汁。关键是，你得先问自己一个基本的问题：你有雄厚的财力和美好的心情让这成为一次有价值的经历吗？如果有，那么休假可以让你在开启下一阶段的人生旅程前按下暂停键。

决定休假后，你下一步要做的是确定如何安排时间。一不小心，你很可能会穿着睡衣或健身服，做着各种无聊的事，糊里糊涂地度过假期。对有的人来说，故事到此结束了。"失业乐活"了几个月后，他们晒得黑黑的，体格练得棒棒的，精力充沛地开始了新工作。我不能责怪他们。你照镜子的时候，看到镜中那张精力充沛、健康红润的脸，那感觉真的太棒了，难道不是吗？你会成为所有朋友羡慕的对象，并体验一把做游手好闲的富人——比如某个希腊船运巨头的儿子，或者某个拥有大量地产的德国男爵之女——的感觉。当然，讽刺的是，和其他任何事情一样，扮演无所事事的富人的角色，终将变得黯然失色。你有多少天能坐在咖啡馆里看报纸？你能跑多少英里？你有多少个晚上可以在外面玩到凌晨 3 点？

在理想情况下，你应该利用休假的时间，达成两个高层次的目标。首先，这应该是一段用来恢复的时期。在这段时间里，以前的压力、创伤和恐惧都消失了，生活回归平衡有序的状态。当你打破往日常规一段时间后，你又想探索新的可能性了，你的冒险精神回来了，而以前长时间的工作、失败的项目或对职业的失望感已经把你的冒险精神埋没了。其次，这段假期应该为你绘制一张路线图，让你的人生越来越美好。在某个时间点，你会得到一份新的工作，你会再次投入工作，你会继续体验职业和个人生活中的成败得失。顺从你的错失恐惧症，尝试一些你一直想要体验的事物，会为你提供一些经验，让你的下一段人生旅程更加丰富多彩。

威尔·沃尔夫（Will Wolf）就决定顺从他的错失恐惧症，休个长假。这个长假不仅帮他升级了简历，还为他开启了职业生涯的下一个阶段。两年前，威尔认为自己大学毕业后做了好几年数据分析师，现在是时候提升一下自己的技术水平了。他想多学一点儿机器学习方面的专业知识。机器学习是计算机科学的一个分支，它研究的是如何使计算机无须人工编程就能实现人类的学习行为。在过去的 10 年里，这一学科已经成为自动驾驶汽车、实用语音识别、高效推荐引擎以及大幅提升的欺诈检测技术背后的强大推动力。威尔相信，他如果能熟练地掌握这门学科，就能成为一个用计算机解决重要现实问题的技术专家。

实现这个目标的下一步自然是读研究生，在走这条可预见的路之前，威尔问自己：是否可以考虑另一种途径？读研究生需要投入好几年的时间，并且至少要花 8 万美元。此外，由于机器学习领域的更新速度非常快，他担心学校开设的课程跟不上劳动力市场上的变化。因此，他决定给自己放个长假，以此开辟道路。威尔把这种方式称为“开放资源式机器学习硕士”，这是一个为期一年的自我引导式继续教育项目。

他只需要有互联网即可，因为他需要的所有资源——在线课程、教科书、学术研究资料和开放的软件材料——都可以在网上免费获得，或以低价获取。他不满足于仅仅成为一个技术专家，于是决定再去完善一下他的法语，所以，他动身去了摩洛哥的卡萨布兰卡。在那里，他沉浸在法语环境中，参与当地的创业社区，大幅降低了自己的生活成本。

威尔的试验得到了回报。他用了不到读研究生所需开销的20%，就完善了自己的法语，并在卡萨布兰卡创业社区交了一群朋友，还强势地回到了劳动力市场中。鉴于他在机器学习社区中结交了不少人脉，以及他在休假期间所写的15篇技术性博客文章，从他决定回去工作的那一刻起，他就收到了数不清的面试邀请。尽管他没有取得正式的研究生学位，但他对学习的投入、拥有的专业技能以及为达目的采取的新方法，令面试官们赞叹不已。最终，他在一家人工智能公司找到一个职位，他的工资也增加了。休假前，他不可能找到这样的工作。这就是明智的决定给他带来的好处。

## 从失败的恐惧中找到自由

威尔·沃尔夫、丹·布兰朵、津巴布韦三姐妹、弗洛伦西亚和她的家人都翻转了剧情，成功地让错失恐惧症为己所用。他们听从了错失恐惧症告诉他们的一些东西，并找到方法将未施展的激情、未开发的项目融入日常生活。最重要的是，这样做没有让他们受损，反而让他们拥有了美好事物，所有的一切都能在今后的人生中得以延续。

这就是患上一定程度的错失恐惧症的好处。如果你知道如何利用它，它就可以给你带来很多好处。你可以重新找回多年来失去的激情和兴趣。当你还是个孩子的时候，你的爱好和兴趣可能在你的生活中扮演着重要的角色，你甚至不会特别在乎你是否擅长做这些事，因为你做这些仅仅出于喜欢。随着时间的推移，你变得忙碌起来，甚至感到有点儿疲惫，你尝到了失败的滋味。这些因素的累积，会阻碍你尝试新事物，让你不愿承担风险。

迭戈 · 冈萨雷斯（Diego Gonzalez）今年 12 岁，住在纽约市。白天他是一名学生，到了晚上和周末，他就变成一个“10% 创业者”。他是个了不起的孩子，天不怕地不怕。他会参加黑客马拉松比赛——往往是和成年人较量，并且得过几次奖，奖品中甚至包括一个免费的工作室。他是我见过的唯一在纽约苏豪区拥有办公室的 12 岁男孩。当你问他如何克服对失败的恐惧时，他的回答会让你豁然开朗：“我还是一个孩子，我并不害怕失败。我如果出了什么差错，可以回到家里，吃几勺冰激凌，然后感觉一切又恢复了正常。”这就是追求某些副业的美妙之处。你不必非得做个孩子，才能像迭戈一样看待这个世界。即使你失败了，你的人生还在那里等着你，它完好无损。如果你愿意，你可以吃上几勺冰激凌。因此，失败的负面影响是有限的，但成功带来的正面影响却是无限的。

现在，你已经学会了如何利用错失恐惧症，是时候迈出处理这两种恐惧症的最后一步了：你必须学会应对出现在别人身上的错失恐惧症。没有什么比你能克服生活中的障碍却发现你不得不忍受身边那些有同样问题的人更让人沮丧的了。谢天谢地，你不需要一味地忍受。你可以利用你目前学到的一切，压制别人身上的这两种恐惧症——至少在对方影响到你的时候。这是你与两种恐惧症作战的最后一步。然而，只有从根本上了解它们的运作原理，这一切才有可能。在下一章，你将学到如何管理别人的两种恐惧症，甚至让对方的恐惧症为你所用。

# 第十四章

# 两种恐惧症的游戏：应对他人的错失恐惧症和更好选择恐惧症

你也许无法控制发生在你身上的所有事，但可以想办法不被它们拖累。

——玛雅·安吉罗（Maya Angelou）

当萨姆·尚克（Sam Shank）着手创办今夜酒店（HotelTonight，一款提供当日酒店预订服务的应用程序）时，他就知道自己不能随波逐流。这是在已然饱和的市场环境中参与竞争的唯一方法。从第一天开始，他就以“少一点计划、多一点生活”作为公司的使命宣言，并面向“千禧一代”开发业务，因为“千禧一代”流动性强、自发性强，注意力持续时间短。为了实现这一目标，他避开了让大多数在线旅行社相互效仿的传统智慧。他没有建立自己的网站，也没有为顾客提供眼花缭乱的多种选择，而是集中精力打造一款手机应用，每晚只提供 15 家酒店，虽然数量有限，但目标明确。或许最重要的是，他将用户体验设计成了无缝式衔接：你只需打开今夜酒店应用程序，点击三下，就能在 8 秒钟内预订一家酒店。你如果将它与第六章中提到的预订拉斯维加斯之旅的经历比较一下，就会明白，为什么尚克 2019 年将公司出售给爱彼迎之前，筹到了超过 1 亿美元的创业资本。

尚克指出，今夜酒店能够一炮走红，在很大程度上要归功于其简单的用户界面。顾客只能在有限的选项中做选择，避免了选择过于丰富所导致的优柔寡断，因此预订房间变得很轻松。换句话说，顾客可以战胜自己的更好选择恐惧症。当然，你如果去过乔氏超市（Trader Joe's），就会知道主动限制客户的选择并不是什么新的理念。史蒂夫 · 乔布斯经常说，苹果公司所有产品线的产品，只要一张桌子就能放下。虽然现在苹果公司已经不是这样了，但卡斯珀（Casper）、农场女孩（Farmgirl Flowers）和哈里斯（Harry's）等初创企业已经开始效仿苹果公司的做法。对某些公司来说，消除杂音是其价值定位的核心要素。

尽管今夜酒店的设计理念和商业模式在对付更好选择恐惧症方面取得了重大进展，但该公司意识到，想要说服更多“千禧一代”停止刷网页，并成为他们的忠实用户，他们需要做的还有很多。

为此，今夜酒店决定“以毒攻毒”。2018 年，该公司推出一项新活动，旨在通过放出更好选择恐惧症的死敌——错失恐惧症——来对付更好选择恐惧症。这项名为“每日降价活动”的新活动，是一种为每位顾客量身定制的每日优惠活动，具体来说，就是在竞争对手的价格上再打35%的折扣。听起来不错，对吧？活动的关键之处在于，顾客只有15分钟时间确认是否订房。这个优惠是短时性的，所以，如果你不在规定的时间内行动，机会就会稍纵即逝。更好选择恐惧症，来和错失恐惧症较量较量吧！这就是让两种恐惧症彼此较量，让你借机战胜它们，坐收渔翁之利的好办法。

**萨姆·尚克（Sam Shank）**

@samshank

今天学到了一个新的缩略语！@HotelTonight的新活动奖励果断的作风，是治愈更好选择恐惧症的良药。

https://quartzy.qz.com/1344485/via @qz@rojospinks

2018年7月31日下午3：04

在今夜酒店推出“每日降价活动”时，他们直截了当地表达了自己的目的，甚至在社交媒体宣传活动中将这一活动定位为“治愈更好选择恐惧症的良药”。虽然营销手段很高明，但真正能说明消费者行为背后驱动因素的是数据：相关数据表明，错失恐惧症显然能击败更好选择恐惧症。该公司观察到，在客户解锁交易后，订单量立即激增，随后，在优惠结束前的最后10秒内订单量再次激增。此外，超过一半解锁了“每日降价活动”的用户，会在接下来的一周中再度光临。他们可不会嫌优惠太多。

## 当别人的两种恐惧症给你带来麻烦时

一直在躲你电话的潜在客户，不愿承诺何时给你升职加薪的老板，不会给你一个明确答复的求职者，除非你接受条件，否则绝对不会给你报价的公司……错失恐惧症和更好选择恐惧症无处不在。如果人们用它们来对付你，就糟透了。

现在，你有了管控自己的两种恐惧症的工具，你也可以用这些工具管控别人的两种恐惧症。当你被困在一场谈判中时，当你的权力、声誉和自尊受到威胁时，你有不少机会看到人们自私自利的嘴脸。这意味着他们会把他们身上的两种恐惧症暴露出来，向你展示。你可以把这看成一个机会，因为你只要多去实践，就可以充分利用这些行为，让它们为你所用。无论何时，如果有人像金发姑娘那样，把你当成那三只熊来对待，那么，你都会知道该怎么对付他。

你如果想看看这两种恐惧症的真面目，只要试着和一个正在筹集资本、拓展生意的企业家相处一会儿就可以了。正如风险投资家贝丝·费雷拉（Beth Ferreira）多年前告诉我的那样：“筹资不是钱的问题，而是你拥有多少力量的问题。”创业者会宣传自己的想法，描绘出一个光明美好、利润丰厚的前景，然后等待对方的答案。如果他们干得不错，那么他们讲的那个故事一定非常吸引人，让投资者的错失恐惧症瞬间发作。他们用同样的工具——社会认同、稀缺性价值和人性的贪婪——集结盲从之众，伊丽莎白·霍尔姆斯的塞拉诺斯公司就充分利用了这样一群人。但愿结果会大相径庭。

另一方面，投资者看到的是大量推销计划，所以他们的任务就是捂着钱袋子，只选最好的。他们如果什么都去投资，就会把大量资本投入糟糕的公司，并很有可能赔本。不用多久，他们甚至会破产。所以，那些投资者会没完没了地问各种问题，要求创业者提供尽可能多的资料和数据。如果你在经营一家初创企业，那么几乎在每次会议上，你都会听到那些潜在投资者更好选择恐惧症发作的声音："我希望看看未来几个月的进展情况，然后再做决定。"3 个月后，当你向他们汇报公司进展情况时，你很有可能听到同样的话。这是投资者保留选项值的典型话术。他们继续要求你提供尽可能多的资料。当然，他们如果想把握成功的机会，就需要遵照你在第十一章中看到的那个严谨的流程，克服他们的更好选择恐惧症，尽快做出决定。

我们假设达成交易对双方都有利。到了这个时候，难道不是所有人都克服了自己的两种恐惧症了吗？恐怕不是这样。假设参与谈判的双方都没有读过这本书，仍然被这两种恐惧症羁绊，那么在最后谈判时，投资人的更好选择恐惧症会令他们再次发起猛烈攻击，因为他们试图达成对己方最有利的交易。与此同时，经验丰富的企业家知道，只要资金还没有打到他们的银行账户上，投资者就有可能继续无限期地谈判，甚至会转身走开。因此，这些企业家会试图引发新一轮的错失恐惧症，或许让投资者相互竞争，以期尽快达成交易。曾经有一家公司用了一个特别聪明的策略对付我（是的，我有时仍然会优柔寡断，我承认）：他们给了我一个难以置信的报价，可是超过规定时间，这个报价就作废了。例如，如果你在月底前投资，那么股票的价格是 X；如果你在该日期后投资，价格就会上涨 20%。使用过这种策略的企业家告诉我，他们总在最后期限的前一天看到大批资金汇入银行账户。这和“每日降价活动”的性质是一样的。

也许读了上面几段你会想：感谢上帝，我没有进入这个行业。这可真是一群患有恐惧症的家伙！不管你喜不喜欢，大多数商业互动都是在类似情况下进行的。任何时候，当你想卖东西的时候，你都想制造错失恐惧症。任何时候，当你在不同的选择中徘徊时，或者想要做更划算的买卖时，你都很容易成为更好选择恐惧症的受害者。具有讽刺意味的是，即使在写一本关于错失恐惧症和更好选择恐惧症的书的过程中，这两种毛病也是无处不在、无孔不入的。作为一个作家，我需要诱发代理商和出版商的错失恐惧症，让他们和我达成协议。与此同时，不止一个代理商成了更好选择恐惧症的受害者，他们老是说：“太棒了，我很乐意和你签约。我今天还没有准备好立刻签约，但是在你和别人签约前，一定要先来找我哦。”

## 和平地卸下两种恐惧症患者的武装

正如你所看到的，你如果认为消除自己的两种恐惧症相当棘手，那就等着，直到你不得不去处理别人的问题。“受伤的治愈者”卡尔·荣格曾经写道：“精神病学家认为，如果一个人因为自己人生中遇到的问题而让自己受罪，他就是神经症患者；如果一个人让别人受罪，那他就是精神病患者。”他这样说并不是在咬文嚼字。

应对别人的错失恐惧症和应对别人的更好选择恐惧症是两种截然不同的情况。说实话，别人的错失恐惧症并不会给你带来多大麻烦。如果一个错失恐惧症患者选择投入时间和精力去追求他们不想错过的所有事物，你离他们远一点儿就好。当然，你也可以考虑一下，如何利用一下他们高涨的热情。下次当渐冻人协会举办冰桶挑战时，他肯定是第一个对你发布的视频做出反应的人。你如果试图向他们推销什么，或者让他们采取什么行动，就可以使用第四章中列出的一些策略达到你的目的。这就是让别人关注你重视的事物的好办法，哪怕这样的人到处都是。当然，你如果认为他们的错失恐惧症真的有害，就可以和他们分享这本书中的策略，让他们走上自我察觉和自我康复的道路。

然而，如果你发现盲从之众患上了错失恐惧症——比如金融市场上的盲从之众，情况就大为不同了。在这种情况下，你没有责任去拯救任何人，这样做也是不切实际的。但你有可能从这一风潮中获利。当你看到大众在追逐一项毫无意义的投资时，你不必坐在一旁怀疑地摇头，而是可以朝另一个方向奔跑。不少投资者都曾因逆势而动大发横财。他们发现一项估值过高的资产，比如一只价格过高的股票，就会做空账户。虽然你下这样的赌注会有很大风险，但如果你做足了功课，并且相信自己是对的，而那些错失恐惧症患者都错了，你就可以逆势而为。如果你知道自己在做什么，那么你的上升潜力是巨大的。你如果不相信我，就去看看《大空头》（*The Big Short*）吧。

虽然你可以自主选择是否为别人的错失恐惧症所累，但是对付他们的更好选择恐惧症，却毋庸置疑是个问题。这些避免做出正面回复、优柔寡断、追求最优结果的更好选择恐惧症患者，会让他们周围的人付出巨大的代价，包括你在内。无论你付出的代价是时间、金钱还是信心，都是不应该的。这会给你带来巨大的压力和烦恼，并浪费你大量的时间。人生苦短，何必去负担他人的包袱呢？对付这些人有两种方法：不再理睬他们；化解他们的更好选择恐惧症，学会如何与他们打交道。

第一种方法是，你可以不再理睬他们。患有更好选择恐惧症的人不太可靠，他们会让你的人生更艰难，而当你需要他们的时候，他们却不在你身边。你完全有理由认为，当断不断，必受其乱。与其把事情搞砸或引发矛盾，不如早早撤退。你最好接受这样一个事实：在他们没有重大发现的情况下，你可能无法改变他们的行为。与此同时，在与他们打交道的过程中，你将浪费大量的时间和精力，并忍受对方向你大量“放毒”。如果你慢慢撤退，事情可能就会好起来。陷入更好选择恐惧症中的他们，完全不会注意到你已经离开了。你也不会再想看到他们那自恋得要命、不断改变计划、不尊重别人的嘴脸。

如果断绝关系不太可能，或者你要和他们达成交易，那么第二种方法就是试着治好他们。虽然这在理论上是可行的，但这样做需要彼此坦诚到不留情面的地步。当你发现对方患上更好选择恐惧症时，你需要为他指出来，明确决策制定的过程，并要求你们的关系更加透明，然后，你需要时刻保持警惕，防止对方故态复萌。遇到可能让你诱发更好选择恐惧症的情形时，你必须表现得无可指责。因为，当你和别人一样产生负疚感的时候，你就很难再去指责别人了。

帮助别人克服更好选择恐惧症的一个要点是，找到他们的“更好选择恐惧症拐杖”。更好选择恐惧症拐杖是人们用来为自己的行为辩解的一些常用的借口，包括“我必须工作”“孩子脾气暴躁”“我必须遛狗”这样一些反复出现的说辞。有时也许他们说的是实情，但如果你留心一下就会发现，更好选择恐惧症患者总是依靠同样的拐杖替自己的行为辩解。你如果想终结这些诡辩的借口，那么可以从正面解决这个问题，比如问问他们打算如何避免和工作、孩子或狗有关的问题，让他们给你答案。你这样做等于拿走了他们的拐杖，让他们用自己的双脚走路。

当你和一个患上更好选择恐惧症的人打交道时，你必须遵循一个基本原则来保持自己的理智：不要留下任何选择的余地。鉴于他们这些行为的根本原因，你千万别给他们提供一个选项丰富的环境。恰恰相反，你要放弃其他选项。这样在你们互动时，他们就会面临稀缺性问题。

想要实现这个目标，你应该提前做好所有的安排，把所有的计划或承诺都写下来。与此同时，你应该考虑自己的利益，制订一套无论如何自己一定会执行到底的计划。你还可以考虑给他们提供一些需要立即给出答复的具体选项，就像“每日降价活动”一样，这样就不用苦苦等待他们的承诺了。如果你这样做，当一个更好选择恐惧症患者出尔反尔、试图改变计划或含糊其词时，你就不会感到生气或大失所望了。你已经制订了计划，你会一直坚持下去。

如果你要处理的是商业关系中的更好选择恐惧症，那么你可以从我的针灸师理查德·巴兰（Richard Baran）那里得到启发，他已经设法解决了客户们的更好选择恐惧症。在像纽约这样的大城市里，这是相当了不起的。对有些人来说，玩失踪、出尔反尔、变更日期几乎就是一种本能。理查德的秘诀很简单，但它很有效：如果你放了他鸽子，要想再排上他的日程实在太难了。作为一个非常成功、深受欢迎的专业人士，他并不缺客户，所以他不必与那些不懂得尊重别人、不愿意遵守规则的人打交道。作为一个病人，我现在知道尊重他的时间是多么重要。每当我把新病人介绍给理查德时，我都会先让他们坐下来，然后向他们解释，如果非得让理查德治治他们的更好选择恐惧症，那么出了什么问题可别怪别人。理查德虽然不会为了让你吃点儿苦头就用针扎你，但会使更狠的招：他根本不会用针扎你，因为他根本不会给你安排诊疗时间。

虽然直接和别人的更好选择恐惧症杠上可能很有效力，但正如俗话所说："如果你给猪涂口红，就一定要承担后果。"首先，如果所有可能的选择——尤其是你提供的唯一选择——都没有吸引力，那么无论再怎么哄骗、施压或不妥协都无法解决一个根本问题：优柔寡断。尽管优柔寡断会带来诸多负面影响，但总比选择那些你明知是错误的、糟糕的或灾难性的东西好。其次，你如果不能控制你所处的环境，就会失去对决策过程的控制，也会丧失做出决策的能力。

为了让英国议会摆脱更好选择恐惧症，投票支持她的脱欧计划，特蕾莎·梅用尽了方法，包括本章中提到的好几项策略。首先，她把所有的选项削减成一个中心计划，并试图向所有的英国民众推销这个计划。其次，她等到最后一分钟，尽可能地接近原定的最后期限，才呼吁对她的计划进行投票。这样一来，议员们投票支持她的压力就变大了。她的这一做法是为了避免英国在尚未达成任何协议的情况下就匆匆退出欧盟。然而，她尽管尽了最大努力，还是一次又一次地失去了选票，面临着党派内讧并被迫向欧洲理事会多次申请延期。这是她的错吗？她忘记了一点：当你在许多可接受的选项中进行选择时，更好选择恐惧症就会出现。

这些选项让你无法治愈更好选择恐惧症。不幸的是，随着时间的流逝和最后期限的临近，大家并没有达成共识。结果，可接受的备选方案数量急剧下降，政府工作的重心从选择合理的道路转向损害控制，他们走上了害怕做任何事的道路。

不管你的错失恐惧症或更好选择恐惧症有多严重，不管和这两种恐惧症患者打交道有多讨厌，你都要记住这一点：如果你患有错失恐惧症或更好选择恐惧症，就意味着你是有选项的。虽然这些选项可能会给你带来压力或让你感到困惑，但不管你怎么削减它们，它们都是你的选项。正如你将在本书结语中看到的，如果你的一部分选项或所有选项突然消失了，你就可能得到教训：不要把它们当成是理所当然的。

# 结语 | EPILOGUE

## 我们很幸运，因为我们拥有选择

**“记住你即将死去”是我一生中听到的最重要的箴言。它帮我做出了人生中的许多重大抉择。**

**——史蒂夫·乔布斯**

2017 年的夏天，我在贝鲁特参加一个会议，顺便驱车前往一个临时难民营。这个营地和贝卡谷地中的一个村庄融为一体。一路上，天气干燥炎热。

那段时间，我对叙利亚内战的关注度与日俱增，对它引发的难民危机深感不安。我想知道怎样才能亲自见证这场愈演愈烈的悲剧，于是便问救援组织的朋友们：能否安排我去看看黎巴嫩东部的一些叙利亚难民营？去那里之前我有点儿犹豫，因为有人提醒我，营地里可能有真主党的势力，但我相信我的导游——一个黎巴嫩研究生和一个在当地非政府组织工作的巴勒斯坦人——会照顾我。

接待我们的法里德（Farid）是一名来自阿勒颇的律师，他实际上是这里的社区居民领袖，在营地里开着一家小小的便利店。令我惊讶的是，情况比我想象中的要好一些，至少从表面上看是这样。难民营里的建筑外观都很简陋，但内部大都很整洁，甚至可以说赏心悦目。许多住在这些难民营中的人曾经都是叙利亚的中产阶级，以前住在叙利亚的公寓和房屋中。他们尽管几乎失去了一切，但还是能够充分利用手头仅剩的资源，让自己生活得体面一些。人类的适应能力令人震惊。

整整一天，我们都在挨家挨户地敲门，与叙利亚难民们聊天。每到一家，总会有人拿食物招待我，比如咖啡、芬达、切好的西瓜或口香糖。随着不断和他们聊天，我逐渐意识到事情并没有那么简单。这里大多数人已经做了 5 年多的难民了，他们失去了安全保障，很容易受到伤害。我见到一个患有白血病的 3 岁儿童，他能得到的唯一治疗，就是来自无国界医生的救助。再走过几间屋子，我看到一个在建筑工地上干活儿时摔伤的人。他的脊椎骨摔断了，躺在酷热的屋子里。妻子身边围着 3 个小孩。她告诉我们，他不能再工作了，她得想办法养家。

所有故事都在诉说着一个共同的主题：在他们能够以某种方式逃离这里——逃往另一个国家或回家——之前，他们所有人的人生都被冻结了，时间好像暂停了一样。每个人说的都是过去和现在的事，却没有人说起未来。这说明什么？唯一说自己盼望美好未来的人，是一个名叫穆罕默德的少年。他躺在地板上，身旁围着他的母亲和姐妹们。他摆弄着手里的智能手机，害羞而热情地说，他的梦想是成为一个程序员。我燃起了一丝希望。但法里德告诉我，穆罕默德已经好几年没有按时上学了。他的家人需要他全天候在田地里劳作，收割庄稼。和叙利亚难民营里的其他人一样，他并没有什么选择。

那天晚上回到带有空调的旅馆房间后，我睡了好几个小时。醒来后，一想到我亲眼看到的那一幕幕景象，我就感到心力交瘁，万般沮丧。我抬头盯着天花板，想起我在商学院时听过的一些话。在每个学期的最后一天，教授们都会上台致辞，做总结性发言，给学生传授一些智慧。其中有一位教授是校园里的传奇人物。首先，他指出地球上的人口已经超过 70 亿了，这是一种沉重的负担。接着，他要求大家学会欣赏日常生活中的礼物，并思考一下运气和环境如何强有力地塑造我们的命运。最后，他建议大家："每当你感到心烦、愤怒或沮丧时，永远不要忘记一个简单的事实，即便是你生命中最糟糕的一天，也是无数人企盼不到的幸福时光。"

这个世界上有许多人永远不会担心自己会患上错失恐惧症和更好选择恐惧症。要患上更好选择恐惧症，你必须有选项；要患上错失恐惧症，你必须知道你可能错过什么，并相信它对你来说或多或少是可以实现的。归根到底，错失恐惧症和更好选择恐惧症都是"富贵病"。它们让你相信你拥有选项，你可以在合适的条件下探索这些机会。显然，并非所有人都是这样的。你不必非得去叙利亚难民营才能看到那些几乎没有什么选项的人。你一定认识这样的人，甚至在你的朋友和家人中就有这样的人。无论是疾病、贫穷、战争、受到压迫，还是缺乏机会，一个人一旦被边缘化，他的人生就没有了选择。

现在，不妨将这一残酷的现实与那些享有特权的少数人的生存状况进行一下对比，后者的出身、取得的成就，使他们生活在一个选择极其丰富的环境中。这些人比其他人享有更多的自主权，拥有更大的影响力，这不足为奇。一直以来都是这样。如果你是国王、上尉、首席执行官或公众人物，你一辈子坐的都是头等舱，其他人坐的则是经济舱。当然，你不必非得成为一个国家领导人或电影明星，才能享受特权带来的种种好处。你如果很有钱，就能获得比中等收入的人更多的经验或物品；你如果非常聪明，并且发愤图强，就会拥有更多职业机会；你如果长得漂亮，个性鲜明，约会时就会有更多选择。这些都不是坏事。拥有得天独厚的天生条件，或充分利用你所拥有的一切，这并没有什么错。

具有讽刺意味的是，尽管你的箭筒里有那么多箭，但你某天所处的境地可能比那些选项匮乏者好不到哪儿去。当你生活在一个选项丰富的环境中时，你可能会因为优柔寡断而停滞不前。当然，与选项匮乏者的不同之处在于，这个问题是你自己造成的。你的环境滋生了这种恐惧症，你如果选择不与它斗争，就很有可能患上它。这种情况是叙利亚难民营里的那些人求之不得的，但他们的选择余地却在不断缩小。至于其他大多数人，似乎都被越来越多的选项给淹没了。

2019 年夏天，我回到了“错失恐惧症”这个词的出生地。距我第一次在校报上提出“错失恐惧症”已经 15 年了，我再次回到哈佛商学院的校园，参加了一场春季同学会。那是一个忙乱的周末，各种讲座、聚会和朋友太多了，我立刻想起当初为什么要写这篇文章。和我的许多同学不同的是，多年来我没有像现在这样强烈地感受到错失恐惧症的影响力。这一次，我积极地想方设法与它做斗争。我知道它只会让我分心、分散我的注意力、浪费我重返校园的宝贵时光，所以我选择了专注和信念。我错过什么了吗？有可能。但是我已经习惯了自己不可能什么都做，所以连试都没试。这就是我做出的选择，而且我果断地做出了这样的选择。

面对选择时，最重要的就是学会果断行事。如果你下决心做点儿什么来克服这两种恐惧症，你会注意到，一些奇迹发生了。你真正应该做的是选择一条道路，并朝着那个方向前进。这时，你会躲开你的脑袋中各种让你原地打转的杂音，并且不会只想着你自己，而是开始用“我们”来代替“我”。你不再把世界看作一个大小不变的馅儿饼，不再一心想要得到最大的一份了。当你清醒地行走在世间时，你会欣赏你拥有的选项，并获得信心，看到足够多的选项。当你不再感到有压力、不再优柔寡断时，这些选项会让你心存感激。每一个选项都代表着一个绝佳的机会，一个为你自己、你的家人、你的朋友和你的社区做出最佳决定的大好机会。

记住，如果你的自由受到了错失恐惧症和更好选择恐惧症的限制，美好生活就会与你擦肩而过。在某种程度上，无论你是谁，无论你有多少选项，你都无法长生不老，也无法带走任何东西。这一点足以说明，时间是最重要的。由于战争、贫穷或疾病，许多人几乎没有什么选项，即便有，他们的选项也少得可怜。你和他们不一样，你有足够的选项改变你的生活，并且果断地投入生活。你可以塑造你的命运，让它符合你梦想的轮廓，满足你现实的要求。你可能无法得到你想要的一切，但你有能力去尝试，这就够了。这是一份天赐的礼物，你要好好利用它，不要浪费了。

# 附言 | AUTHOR'S NOTE

## 让我们保持联系

有一件事仍会让我感到错失恐惧，那就是任何一个读过这本书的人都可能有问题、评论、意见或解决方案，想要与我分享。因此，我想邀请你登录 www.patrickmcginnis.com，继续与我沟通。你会在这个网站上看到所有关于错失恐惧症和更好选择恐惧症的最新资源列表，以及随书附赠的一本练习册。我盼望能收到你的消息。你可以通过以下方式和我联系：

照片墙：@patrickjmcginnis

推特：@pjmcginnis

脸书：PatrickJMcGinnis

邮箱：letsconnect@patrickmcginnis.com

另外，我邀请你收听《错失恐惧症患者》这个播客节目。在节目中，你将遇到不少商界、政界和文化界的领袖人物，了解忙碌的他们是如何从众多机会中做出选择的。一些节目片段可以在 www.patrickmcginnis.com/fomosapiens 上观看。

# 致谢 | ACKNOWLEDGMENTS

在写了《10% 创业家》之后，我从来没有想过，我会写第二本书，因为我不知道要写什么。后来，在与读者、朋友甚至陌生人的互动中，我慢慢地相信，错失恐惧症可能是一个很棒的话题。至今我还记得我决定写这本书的那一刻：当时，我在贝鲁特参加巍美集团（Endeavor Global）的活动，我拍了一张特别值得纪念的自拍照。从那以后，我就再也没有犹豫过要写这本书。这些经历能带来什么样的启示？有时候，这个世界会给你带来最好的主意，所以你一定要竖起耳朵仔细倾听。

如果我没能在我的播客《错失恐惧症患者》上找到自己的声音，这本书就不可能问世了。

首先，我要感谢《哈佛商业评论》（*Harvard Business Review*）——一个了不起的合作伙伴。我非常感谢尼廷 · 罗利亚、阿迪 · 伊格内修斯和亚当 · 布赫霍尔茨，他们通过《哈佛商业评论》的留言板，让错失恐惧症患者回到了哈佛商学院。当然，如果没有伊琳娜·巴布什金娜，这一切都不会发生。我还要感谢《广告周刊》，特别是道格·洛威尔、理查德·拉尔森、亚历克西斯·卡多萨和兰斯·皮勒斯多夫，感谢他们在2018年支持我推出《错失恐惧症患者》这个播客。

其次，如果没有出现在节目中的那些嘉宾，我的播客《错失恐惧症患者》什么都不是。这些嘉宾包括瑞安·威廉姆斯、莎莉·沃尔夫、多里·克拉克、尼尔·埃亚尔、凯·海伊、杰克·卡尔森、吉尔·卡尔森、维姬·豪斯曼、西森·李、克雷格·杜比茨基、凯特·埃伯勒·沃克、里普·普鲁斯肯、马可·德·莱昂、瓦娜·考特索米蒂斯、迭戈·冈萨雷斯、谢丽尔·艾因霍恩、安德鲁·杨、珊琳·马、阿奴·杜加尔、蒂姆·埃雷拉、埃格兰蒂娜·津格、埃里克·温德、詹卡洛·皮托科、卢克·霍顿、加尔林·伯纳德、克里斯蒂娜·卡贝尔、詹·王、马特·斯坎伦、凯蒂·罗斯曼、布朗森·范·怀克、丹尼拉·巴卢-阿雷斯、杰米·梅茨尔、大卫·法根鲍姆博士、克里斯蒂娜·斯坦贝尔、威尔·科尔、奥琳·克拉夫、达丽亚·朗·吉莱斯皮博士、安娜斯塔西亚·西博姆、安德鲁·库珀博士、凯茜·海勒、纳斯·亚辛、梅雷迪斯·金和贝丝·费雷拉。

最后，在本书的构思阶段，几个朋友给了我非常特别的想法和见解，他们是杰里米·斯特里奇、拉辛·卡宾、尼克·马特尔和杰克·克雷默。对我来说，他们的想法非常宝贵。

写一本书需要多年的积累，那些看似无关痛痒的对话，最终会为形成重要观点打下基础，而这些观点最终会出现在手稿中，这一点一直让我惊讶。我永远感谢那些为本书提供意见的人，他们是我的参谋、头脑风暴的伙伴，也是本书的灵感来源。他们包括妮可·坎贝尔、阿齐兹·森德吉、埃里克·克罗尔、汤姆·鲍德温、雅埃尔·梅拉米德、迭戈·赛斯-吉尔、迈克尔·罗根、彼得·莱曼、阿里安娜·赫芬顿、斯科特·斯坦福、阿杰·基肖尔、特里斯坦·梅斯、萨姆·尚克、安德鲁·沃森、理查德·巴兰、马里亚姆·马利克·阿尔西卡菲、查尔斯·杰普、克莱尔·马威克、苏珊·西格尔、达丽亚·朗·吉莱斯皮博士、斯蒂芬·皮特曼、乔·坦戈、梅根·柯蒂斯、弗洛伦西亚·希梅内斯-马科斯、泽维尔·冈萨雷斯-圣费利乌、塞西莉亚·冈萨雷斯-希梅内斯、威尔·沃尔夫、尼亚曼万达姐妹（玛蒂帕、默西、莫娜）、丹·布兰朵和瑞安娜·布兰朵。

本书创作于纽约和墨西哥城，许多我自己最满意的章节都是在这两个城市的咖啡馆中完成的。我要感谢墨西哥城的布兰德咖啡馆和纽约的里布尔咖啡馆，特别感谢朱诺、安东尼和斯蒂芬，他们允许我连续几小时霸占桌子，一边摄入咖啡因一边写作。

写作是孤独的，但我常常感到我周围簇拥着信任我的人，他们真是太棒了。我应该感谢那些真正了不起的朋友，他们一直在支持我，给我带来灵感，他们是贾森·海姆、劳拉·海姆、米歇尔·利维、约翰·里昂、丹·马西斯、弗雷泽·辛普森、杰夫·古吉安、凯西·古吉安、托马斯·古吉安、艾琳·洪·爱德华兹、丹妮尔·霍特尼克、斯图尔特·奥尔德菲尔德、玛丽·奥尔德菲尔德、格雷格·普拉塔、玛格丽特·朱、汤姆·克拉克、芬利·克拉克、米尔德里德·袁、郑鑫

（音译）、香蒂 · 迪瓦卡兰、尼古拉斯 · 杜勒罗伊、劳拉 · 梅登、尼哈尔 · 赛特、布拉德 · 萨夫特、萨马拉 · 奥谢、苏肯 · 沙阿、菲尔 · 曾、吉列尔莫 · 西尔伯曼、乌布利 · H 的全体成员、黛博拉 · 斯巴尔、查瓦 · 卡尔伯格、艾丽西亚 · 杜克丽丝、胡安 · 纳瓦罗 - 斯塔科斯、阿米尔 · 纳耶里、阿里 · 拉希德、杰夫 · 塞伦和本杰明 · 斯佩纳。

如果没有运动大道（Motion Ave）团队，我无法完成这一切。感谢塞缪尔 · 克莱因、亚历山德拉 · 瓦斯克斯、玛丽亚 · 安吉丽卡 · 奎罗斯、丽贝卡 · 维甘特、亚历山德拉 · 拉米雷斯、埃德加 · 吉伦和罗莎娜 · 托罗。我万分感谢你们所做的一切。我也同样感谢你 ——苏珊娜 · 莫斯科维茨，你的建议一直对我很有帮助。

我非常感谢我的经纪人爱丽丝 · 马特尔，她就像一股来自大自然的力量，给我带来了思想、力量和支持，还有更多别的。我必须再次感谢尼克 · 马特尔，感谢你把我介绍给你的母亲。你们是非常棒的一家人！

我也非常感谢资料库出版公司（Sourcebooks）的编辑梅格 · 吉本斯。她从一开始就完全理解这本书的理念，并通过编辑使这本书更加完美。资料库出版公司是这本书的最佳出版公司，我和资料库出版公司的团队一起合作时，我患上错失恐惧症的可能性是零。

当然，如果没有本 · 施雷金格在《波士顿杂志》（*Boston Magazine*）上发表的那篇关于错失恐惧症来源的重要文章，我根本不可能出这本书。我永远感谢你的好奇心，感谢你作为一个作家的才华。现在，我还要感谢你给我的友谊。

我如果没有去哈佛商学院上学，就不知道错失恐惧究竟是一种什么样的感觉。感谢2004届的同学们，感谢你们让我患上了错失恐惧症和更好选择恐惧症。

最后，我要特别感谢我的弟弟，迈克·麦金尼斯，他为《错失恐惧症患者》播客创作了主题曲，他是世界上最好的兄弟。你也一样——达瓦洛斯·费尔隆，还有让我们惊喜不断的佩珀·伊里埃·麦金尼斯。当然，还有我的妈妈（你是我的第一个编辑）和爸爸（又名不知何为错失恐惧症的家伙），如果没有你们，没有你们的支持，没有你们让我们理解这一切，让我们脚踏实地，我们就无法走到现在这一步。

# 注释 | NOTES

## 第一章


1 Kerry Miller, "Today's Students: Living Large" *Bloomberg Businessweek*, April 8, 2007, https://www.bloomberg.com/news/articles/2007-04-08/todays-students-living-large.

2 Philip Delves Broughton, *Ahead of the Curve: Two Years at Harvard Business School*, New York: Penguin Press, 2008, 64.

3 Blanca García Gardelegui, "Generación 'fomo'" *El País*, June 24, 2018, https://elpais.com/elpais/2018/06/24/opinion/1529859093_682643.html.

4 Shikha Shaa, "Is FOMO Making You Paranoid?" *The Times of India*, January 11, 2013, https://timesofindia.indiatimes.com/life-style/relationships/love-sex/Is-FOMO-making-you-paranoid/articleshow/17730492.cms.

5 Valérie de Saint-Pierre, "Le fomo, nouvelle maladie du siècle?" Madame, *Le Figaro*, January 26, 2015, http://madame.lefigaro.fr/societe/gare-au-digital-bovarysme-160115-93797.

6 Sağlık Haberleri, "Hastalığın adı 'FOMO'! Siz de yakalanmış olabilirsiniz..." *Sabah*, January 10, 2019, https://www.sabah.com.tr/saglik/2019/01/10/fomo ya-

yakalanan-kisinin-tedavi-edilmesi-gerekiyor.

## 第二章

1 Nick Bilton, "Exclusive: The Leaked Fyre Festival Pitch Deck Is Beyond Parody" *Vanity Fair*, May 1, 2017, https://www.vanityfair.com/news/2017/05/fyre-festival-pitch-deck.

2 Jaimie Seaton, "Millennials Are Attending Events in Droves Because of Fear of Missing Out" Skift.com, July 12, 2017, https://skift.com/2017/07/12/millennials-are-attending-events-in-droves-because-of-fear-of-missing-out/.

3 *Fyre: The Greatest Party That Never Happened*, directed by Chris Smith, Library Films, Vice Studios/Jerry Media, 2019, Netflix, https://www.netflix.com/title/81035279.

4 "Walmart Unveils Plans for Best Black Friday Yet" Walmart, November 8, 2018, https://news.walmart.com/2018/11/08/walmart-unveils-plans-for-best-black-friday-yet.

5 Phil Wahba, "Black Friday Fatigue? 174 Million Americans Disagree" *Fortune*, November 28, 2017, http://fortune.com/2017/11/28/black-friday-shopping/.

6 Daphne T.Hsu et al., "Response of the μ-opioid System to Social Rejection and Acceptance" *Molecular Psychiatry* 18(August 2013): 1211–1217, https://doi.org/10.1038/mp.2013.96.

7 Harley Tamplin, "40 Kids Eat World's Hottest Pepper and End Up Needing Medical Treatment" *Metro*, September 5, 2016, https://metro.co.uk/2016/09/05/emergency-services-called-to-school-after-40-kids-eat-one-of-the-worlds-hottest-peppers-6109851/.

8 Ann Arens et al., "Esophageal Rupture After Ghost Pepper Ingestion" *The Journal of Emergency Medicine* 51, no.6(December 2016): e141–e143, https://doi.org/10.1016/j.jemermed.2016.05.061.

9 Jacqueline Howard, "Americans Devote More Than 10 Hours a Day to Screen

Time, and Growing" CNN.com, July 29, 2016, http://www.cnn.com/2016/06/30/health/americans-screen-time-nielsen/index.html.

**10** Mary Meeker, *Internet Trends Report 2018*, Kleiner Perkins, May 30, 2018, https://www.kleinerperkins.com/perspectives/internet-trends-report-2018.

**11** Andrew Perrin and Jingjing Jiang, "About a Quarter of U.S.Adults Say They Are'Almost Constantly' Online" Pew Research Center, March 14, 2018, http://www.pewresearch.org/fact-tank/2018/03/14/about-a-quarter-of-americans-report-going-online-almost-constantly/.

**12** Asurion, "Americans Equate Smartphone Access to Food and Water in Terms of Life Priorities" August 6, 2018, https://www.asurion.com/about/press-releases/americans-equate-smartphone-access-to-food-and-water-in-terms-of-life-priorities/.

**13** Samantha Murphy, "Report: 56% of Social Media Users Suffer from FOMO" Mashable.com, July 9, 2013, http://mashable.com/2013/07/09/fear-of-missing-out/.

**14** Worldwide Social Network Users: eMarketer's Estimates and Forecast for 2016–2021, https://www.emarketer.com/Report/Worldwide-Social-Network-Users-eMarketers-Estimates-Forecast-20162021/2002081/.

**15** Evan Asano, "How Much Time Do People Spend on Social Media?" SocialMediaToday.com, January 4, 2017, https://www.socialmediatoday.com/marketing/how-much-time-do-people-spend-social-media-infographic.

**16** Derek Thompson, "How Airline Ticket Prices Fell 50% in 30 Years (and Why Nobody Noticed)" *The Atlantic*, February 28, 2013, https://www.theatlantic.com/business/archive/2013/02/how-airline-ticket-prices-fell-50-in-30-years-and-why-nobody-noticed/273506/.

## 第三章

**1** 模因（meme），意指在语言、观念、信仰、行为方式等的传递过程中与基因在生物进化过程中所起的作用类似的东西，又称米姆、弥母等。

2 The FOMO Factory, "Austin's First Selfie Experience Extends Run with New Installations and Overnight Camp" press release, October 10, 2018, https://static1.squarespace.com/static/5b022c2f31d4df352878a8ca/t/5bbe1ee0e5e5f0c3326aa58e/1539186401867/FOMO+FACTORY+-+EXTENSION.pdf.

3 "Fomo" Urbandictionary.com, submitted by Johnny FOMO on September 3, 2013, https://www.urbandictionary.com/define.php?term=fomo&page=4.

4 Katie Heaney, "'Frumbled' and Other Good Reasons to Make Up Words" The Cut, *New York* magazine, January 15, 2019, https://www.thecut.com/2019/01/this-study-on-russian-blues-broke-my-brain.html?utm_source=tw&utm_campaign=nym&utm_medium=s1.

5 Romeo Vitelli, "The FoMo Health Factor: Can Fear of Missing Out Cause Mental and Physical Health Problems?" *Psychology Today*, November 30, 2016, https://www.psychologytoday.com/blog/media-spotlight/201611/the-fomo-health-factor.

6 Vitelli, "The FoMo Health Factor".

7 Marina Milyavskaya et al., "Fear of Missing Out: Prevalence, Dynamics, and Consequences of Experiencing FOMO" *Motivation and Emotion* 42, no.5 (October 2018): 725–737, https://doi.org/10.1007/s11031-018-9683-5.

8 Maša Popovac and Lee Hadlington, "Exploring the Role of Egocentrism and Fear of Missing Out on Online Risk Behaviours among Adolescents in South Africa" *International Journal of Adolescence and Youth* (May 2019), https://doi.org/10.1080/02673843.2019.1617171.

9 Milyavskaya et al., "Fear of Missing Out: Prevalence…", p.736.

10 "Study: Millennials Want Experiences More Than Anything" *Eventbrite* (blog), December 8, 2014, https://wphub.eventbrite.com/hub/uk/millennials-want-experiences-ds00/.

11 Andrew K.Przybylski et al., "Motivational, Emotional, and Behavioral Correlates of Fear of Missing Out" *Computers in Human Behavior* 29, no.4 (July 2013): 1841–1848, p.1847, https://doi.org/10.1016/j.chb.2013.02.014.

**12** Przybylski et al., "Motivational, Emotional, and Behavioral Correlates..."

## 第四章

**1** Tim Herrera, "How to Make Tough Decisions Easier" *The New York Times*, June 4, 2018, https://www.nytimes.com/2018/06/04/smarter-living/how-to-finally-just-make-a-decision.html?module=inline.

## 第五章

**1** Sylvia Plath, *The Bell Jar* (United Kingdom:Heinemann, 1963): 80.

**2** Barry Schwartz, *The Paradox of Choice: Why More Is Less* (New York: Ecco, 2004): 77.

**3** Barry Schwartz, *The Paradox of Choice: Why More Is Less* (New York: Ecco, 2004): 78.

**4** Hazel Rose Markus and Barry Schwartz, "Does Choice Mean Freedom and Well-Being?" *Journal of Consumer Research* 37, no.2 (2010): 344–355, https://works.swarthmore.edu/fac-psychology/5/.

**5** David Brooks, "The Golden Age of Bailing" opinion, *The New York Times*, July 7, 2017, https://www.nytimes.com/2017/07/07/opinion/the-golden-age-of-bailing.html.

## 第六章

**1** Jennifer Pak, "FOMO in China is a $7 billion industry" *Marketplace*, September 13, 2018, https://www.marketplace.org/2018/09/13/world/fomo-china-7-billion-industry.

**2** Jennifer Pak, "FOMO in China is a $7 billion industry" *Marketplace*, September 13, 2018, https://www.marketplace.org/2018/09/13/world/fomo-china-7-billion-industry.

3 Li Xiaolai, "From now on, Li Xiaolai will not do any project investment (whether it is a blockchain or not)" trans.by Google Translate, Weibo, September 30, 2018, https://www.weibo.com/1576218000/GBF5rzI2o?filter=hot&root_comment_id=0&type=comment.

4 "Market Capitalization:The Total USD Value of Bitcoin Supply in Circulation, as Calculated by the Daily Average Market Price Across Major Exchanges" Blockchain.com, accessed July 12, 2019, https://www.blockchain.com/en/charts/market-cap?timespan=all.

5 Alisa Wolfson, "How to Turn Your Pet into a Five-Figure Instagram Influencer" *New York Post*, July 10, 2018, https://nypost.com/2018/07/10/how-to-turn-your-pet-into-a-five-figure-instagram-influencer/.

6 Matthew Herper, "From $4.5 Billion to Nothing: Forbes Revises Estimated Net Worth of Theranos Founder Elizabeth Holmes" *Forbes*, June 21, 2016, https://www.forbes.com/sites/matthewherper/2016/06/01/from-4–5-billion-to-nothing-forbes-revises-estimated-net-worth-of-theranos-founder-elizabeth-holmes/#83526a536331.

7 Andrew Bary, "What's Wrong, Warren?" *Barron's*, December 27, 1999, https://www.barrons.com/articles/SB945992010127068546.

8 Bessemer Venture Partners, "Google" The Anti-Portfolio, accessed May 20, 2019, https://www.bvp.com/anti-portfolio/.

9 Bessemer Venture Partners, "Facebook" The Anti-Portfolio, accessed May 20, 2019, https://www.bvp.com/anti-portfolio/.

## 第七章

1 Blair Decembrele, "Your Guide to Winning @Work: FOBO—The Fear of Better Options" *LinkedIn* (blog), October 5, 2018, https://blog.linkedin.com/2018/october/5/your-guide-to-winning-work-fobo-the-fear-of-better-options.

2 Matt Singer, "2018 Recruiter Nation Survey: The Tipping Point and the Next Chapter in Recruiting" Jobvite, November 8, 2018, https://www.jobvite.com/jobvite-news-and-reports/2018-recruiter-nation-report-tipping-point-and-the-next-chapter-in-recruiting/.

3 Patrick Gillespie, "Intuit: Gig Economy Is 34% of US Workforce" CNN.com, May 24, 2017, https://money.cnn.com/2017/05/24/news/economy/gig-economy-intuit/index.html.

4 Audi AG, *Annual Reports: 2018*, March 14, 2019, p.84, https://www.audi.com/en/company/investor-relations/reports-and-key-figures/annual-reports.html.

5 Audi AG, *Annual Reports: 2018*, p.106.

6 Brad Berman, "Analysis Paralysis: Audi Offers Yet Another Electric Car Study" plugincars.com, November 22, 2011, https://www.plugincars.com/audi-all-electric-a3-e-tron-110332.html.

7 Gil Press, "6 Predictions for the $203 Billion Big Data Analytics Market" *Forbes*, January 20, 2017, https://www.forbes.com/sites/gilpress/2017/01/20/6-predictions-for-the-203-billion-big-data-analytics-market/#321bfa372083.

8 Bernard Marr, "Big Data: 20 Mind-Boggling Facts Everyone Must Read" *Forbes*, September 30, 2015, https://www.forbes.com/sites/bernardmarr/2015/09/30/big-data-20-mind-boggling-facts-everyone-must-read/#6b5c806717b1.

9 Quentin Hardy, "Gearing Up for the Cloud, AT&T Tells Its Workers: Adapt, or Else" *The New York Times*, February 13, 2016, https://www.nytimes.com/2016/02/14/technology/gearing-up-for-the-cloud-att-tells-its-workers-adapt-or-else.html.

10 Capgemini Invent (@CapgeminiInvent), "Since 2000, 52% of companies in the Fortune 500 have either gone bankrupt, been acquired, or ceased to exist" Twitter, May 10, 2015, 6:25 p.m., https://twitter.com/capgeminiconsul/status/597573139057537025?lang=en.

11 Lori Ioannou, "A Decade to Mass Extinction Event in S&P 500" CNBC.com, June 5, 2014, https://www.cnbc.com/2014/06/04/15-years-to-extinction-sp-500-

companies.html.

12 Ellen Barry and Benjamin Mueller, "'We're in the Last Hour': Democracy Itself Is on Trial in Brexit, Britons Say" *The New York Times*, March 30, 2019, https://www.nytimes.com/2019/03/30/world/europe/uk-brexit-democracy-may.html.

## 第八章

1 Alfred Duning, "The Return of the Resolute" *American Heritage* 10, no.5 (August 1959), https://www.americanheritage.com/content/return-resolute.

2 Office of the Curator, The White House, "Treasures of the White House: Resolute Desk" The White House Historical Association, accessed May 20, 2019, https://www.whitehousehistory.org/photos/treasures-of-the-white-house-resolute-desk.

## 第九章

1 "Message of Pope Francis for the Twenty-Ninth World Youth Day 2014" January 21, 2014, http://w2.vatican.va/content/francesco/en/messages/youth/documents/papa-francesco_20140121_messaggio-giovani_2014.html.

## 第十章

1 Evan Andrews, "7 Unusual Ancient Medical Techniques" History.com, August 22, 2018, https://www.history.com/news/7-unusual-ancient-medical-techniques.

## 第十一章

1 Jeffrey Hughes and Abigail A.Scholer, "When Wanting the Best Goes Right or Wrong: Distinguishing Between Adaptive and Maladaptive Maximization" *Personality and Social Psychology Bulletin* 43, no.4 (February 2017): 570–583,